賀茂別雷神社

清水寺

教王護国寺

醍醐寺

二条城

賀茂御祖神社

仁和寺

慈照寺

天龍寺

聖護院門跡

平等院

大覚寺

明日の京都講座

古都京都の文化遺産は、かく想ふ

～千二百年。そして次の千年へ～

明日の京都 文化遺産プラットフォーム 編

丸善プラネット

ごあいさつ

千年前に想いを馳せ、百年後に思いを巡らせるために、歴史都市京都の有形・無形の文化遺産を護り、育み、さらには創造することを目的に、二〇一〇年一〇月に「明日の京都 文化遺産プラットフォーム」が発足しました。

「明日の京都講座」は、京都の多くの社寺における防災や景観など幾多の問題について、その現状を明らかにし、解決策を探ろうという呼びかけに、一九九四年にユネスコの世界文化遺産になった「古都京都の文化財」の社寺城が賛同し、二〇一一年に一堂に会したことにはじまります。

時の移ろいとともに様々なものが変わりゆくなか、今も変わらない文化と精神を受け継ぎ、現代に伝える社寺城の保全・継承の担い手が語る生の声を、多くの方々に届けたいという思いがかたちになり、本講座が開催されております。

文化遺産を取り巻くさまざまな問題と向き合いながらも、先人たちの歩みや想いを今につなぐ保全・継承の担い手が語る言葉の一つひとつが、過去、現在、未来などの、時間や空間の隔たりを超えて我々に多くの気付きと学びを与え、導いてくれています。

この度、関係社寺城のご協力によって、本講座で語られた内容を再現することができました。関係各位に心より感謝申し上げる次第です。
本書の最大の目的は、ひとりでも多くの方々に対して、京都の社寺城の保全・継承の担い手の生の声をお届けすることにあります。また、我々がいま目にするものだけでなく、千年前、そして百年後の京都に思いを巡らせるきっかけになれば幸いと存じております。

千二百年以上の歴史を持つ京都の文化は日本を代表するものであり、ここに綴られた保全・継承の担い手からのメッセージが、幾度も戦火や疫病などの逆境にさらされながらも、それに負けない強くしなやかな思いを表す普遍性を持つものとして、世界の人々のこころに届くことを願っております。

明日の京都 文化遺産プラットフォーム　会長
松浦　晃一郎

目次

ごあいさつ　明日の京都 文化遺産プラットフォーム 会長　松浦 晃一郎……i

1 賀茂別雷神社——賀茂の文化　賀茂別雷神社宮司　田中 安比呂……2

2 清水寺——清水寺の伝灯　清水寺貫主　森 清範……22

3 教王護国寺——古いままで新しい文化　教王護国寺第二五六世長者　砂原 秀遍……40

4 醍醐寺——木の文化、紙の文化の伝承 醍醐寺　醍醐寺座主　仲田 順和……56

5 二条城——世界遺産二条城を守る。伝える。　京都市長　門川 大作……72

6 賀茂御祖神社——賀茂御祖神社 式年遷宮　賀茂御祖神社宮司　新木 直人……86

7 仁和寺
悠久の仁和寺を護り継ぐ　総本山仁和寺第五十世門跡　立部 祐道 …… 100

8 慈照寺
東山文化を語る　相国寺派管長　有馬 賴底 …… 116

9 天龍寺
天龍寺と夢窓国師　天龍寺派管長　佐々木 容道 …… 132

10 聖護院門跡
修験の智慧に問う現代社会　聖護院門跡門主　宮城 泰年 …… 152

11 平等院
文化が形をもった時　平等院住職　神居 文彰 …… 172
［鼎談］文化と環境
神居 文彰（平等院住職）・山本 正（宇治市長）
松浦 晃一郎（明日の京都 文化遺産プラットフォーム会長） …… 190

12 大覚寺
嵯峨天皇様の大御心と大覚寺　大覚寺執行　竹原 善生 …… 202
［コラム］平安京を充実させた天皇　明日の京都 文化遺産プラットフォーム副会長　村井 康彦 …… 220

明日の京都講座　開催一覧 …… 224

※役職・肩書き等は講座開催当時のものです。

明日の京都講座

細殿と立砂

第一回　賀茂別雷神社
賀茂の文化

賀茂別雷神社宮司　田中　安比呂

古事記に記された歴史と神

昨年、遷都千三百年を迎えました奈良(平城遷都一三〇〇年(＊1))。その歴史は、和銅三年(七一〇)、元明天皇様という女性の天皇様が、平城京と呼ばれる都に定めたことから始まります。そしてその翌々年、和銅五年(七一二)に、我が国で最も古い歴史書と言われる『古事記』が編纂されました。この『古事記』についてお話しをするにあたりまして、まず宗教についてお話ししたいと思います。

世界にはたくさんの宗教がございます。紀元前十三世紀にモーゼがユダヤ教を、紀元前五世紀にブッダが仏教を、紀元一世紀にキリスト教が、紀元七世紀にはマホメッドがイスラム教を創始したと言われております。

日本語で申しますと、いわゆる教室の「教」という字を書くのが宗教であろうかと思います。また、ユダヤ教は『旧約聖書』、キリスト教は『新約聖書』、イスラム教は『コーラン』など、各宗教にはそれぞれ神の教えを説いた書物があります。

対して、我が国の古来からの宗教は、神の道と書いて「神道《しんとう》」と申します。柔道や剣道、お茶やお花も全て「道」がつくのが日本の考え方で、神様についても「神教」ではなくて「神道」という呼び方です。

この神道は、誰が作ったというわけではなく、いわゆる経典というものもありませんが、我が国の最も古い歴史書と言われている『古事記』で、日本の歴史とともに神様のことが書かれております。

「天地《あまつち》初めて発《ひら》けし時」という言葉から始まる日本の歴史は、当時、稗田阿礼《ひえだのあれ》という方がずっと暗記していました。元明天皇様は、日本の歴史を残しておく必要があると考え、太安万侶《おおのやすまろ》に、稗田阿礼の言うことを漢文でずっと書き留めるよう命じました。それが『古事記』というもので、その中に、神倭伊波礼比古命《かむやまといわれびこのみこと》が、日向国《ひゅうがのくに》（現在の宮崎県）からご東征《とうせい》され、熊野（和歌山県）の地で上陸され、道に迷われたときに三本足の八咫烏《やたがらす》が出てきて道案内をしたということが書かれております。

「神倭伊波礼比古命」とは初代の神武天皇様が位に就く前のお名前です。また、八咫烏の「咫」という文字は長さの単位を表し、親指から中指までの長さ、大体二十センチメートルぐらいのことを指します。その「八」ということですから、一メートル六十センチほどの大きなカラスだったということです。

神倭伊波礼比古命は、その八咫烏の助けやいろいろなものの助けを得て、今日の奈良の橿原《かしはら》神宮《じんぐう》があるところで初代天皇様として、辛酉年《かのととりどし》春正月《はるむつき》庚辰朔《かのえたつついたち》、位に就かれました。今の暦では、二月十一日になり、この日が我が国の建国記念日となっております。また、『新撰姓氏録《しんせんしょうじろく》』には、八咫烏は賀茂建角身命《かもたけつぬみのみこと》であると書かれています。

元明天皇様は、『古事記』ができました後、当時の日本各国ごとに、その土地土地に伝わる物語、あるいはその国で決められている法律などを書き残すよう命じられました。昔の近江国や摂津国など国単位でそれらを書きましたのが何々の国の『風土記』と言われるものです。残念ながら現在、完全な『風土記』は出雲国のものしか残っておりませんけれども、『風土記』にこう書かれたと引用された逸文《いつぶん》が残っております。

「賀茂別雷神社」の成り立ち

京都は当時、山城国《やましろのくに》という名称でした。この山城国の歴史は、『山城国風土記』逸文、あるいは『釈日本紀』といった書物に書き残されております。

賀茂建角身命が八咫烏になり、その功績により山城国に参りまして、丹波《たには》の国の伊可古夜比売《いかこやひめ》と結婚して、この賀茂の地に定住し、玉依比古《たまよりひこ》という男の子と玉依比売《たまよりひめ》というお嬢さんをもうけたそうです。

この玉依比売が、賀茂川で身を清めておりましたときに、丹塗《にぬり》の矢が川上から流れてきて、その矢をご自宅に持ち帰られ、枕辺に置きましてお休みになったところ、この矢に感応してお子ができたというわけです。お父さんの賀茂建角身命は、当たり前ですが、びっくりします。

「相手はどこの誰だ」

と、聞くわけですけれども、玉依比売は

「わからない。矢を持ち帰ってきたらお子ができた」

と言うばかりだったそうです。

そして、男の子が生まれ、その男の子が大きくなったときに、

賀茂神話

賀茂建角身命は八尋殿《やひろどの》という大きな屋敷を造って、全国の神様を呼んで七日七夜、大宴会したと言います。そして大宴会の最後の晩に、賀茂建角身命は孫に

「全国の神様がここにおられるから、お父さんだと思う神様にお酒を一杯ごちそうしなさい」

と促すと、孫は杯を天井に投げて

「我が父は天津神《あまつかみ》なり」すなわち「私の父は地上にいる神ではなく天にいる神である」

と言って大きな雷の音とともに天井を突き破ってどどどっと天に上がってしまったと言います。そのとき、周りにいた神様たちは

「これは大変な力を持った子だ、賀茂別雷《かもわけいかづち》の神だ」

と言ったということです。

残されたお母さんの玉依比売、おじいさんの賀茂建角身命は嘆き悲しみ、ぜひ戻ってきてほしいと毎日祈りを捧げておられました。

そうしたところ、ある晩、この男の子が玉依比売の夢枕にあらわれまして、

賀茂神話

吾《われ》に逢わむとは、天羽衣、天羽裳《あめのはも》をつくり、火を炬《た》き鉾を捧げ、また走馬を錺《かざ》り、
奥山の賢木《さかき》を採りて阿礼に立て、種々《くさぐさ》の綵色《いろあや》を垂《し》で、また葵楓《あおいかつら》の蔓《かずら》を造り、
そして厳しく錺《かざ》りて吾をまたば来む。（山城国風土記逸文）

「私に会いたいと言うなら、きれいなきれの着物を作って、火をたいて、鉾をずっと周りに置いて、そして馬を走らせて、山奥の榊《さかき》をとってきて、阿礼という場所に立てて、きれいなきれを飾って、葵と桂の葉をたくさん束ねて、隙間なく飾って待っていれば私は来ます」

こういうふうにおっしゃったそうです。言われたとおりにお祭りをしましたところ、当社の参集殿《さんしゅうでん》を出ましてすぐ左手にある神山《こうやま》の頂に賀茂別雷の神様が降りてこられたということが、『山城国風土記』逸文に記されています。

大きな岩や古い大木などに神様はいらっしゃると昔からよく言われます。神山は決して高い山ではございませんが、山の上に今でも大きな磐座《いわくら》があり、賀茂別雷の神様はその岩の上に降りたということです。

ここまでこの神社の成り立ちのお話しをしましたが、これらの事柄が全部神社の行事にかかわってきます。

賀茂祭（葵祭）

上賀茂神社、正式名称の「賀茂別雷神社」は、ご祭神のお名前をいただいた神社名でございますが、お母さんの玉依比売とおじいさんの賀茂建角身命を祀っているのが、通称下鴨神社、正式名称「賀茂御祖《かもみおや》神社」で、これは賀茂の親神社という意味です。

したがって「賀茂社」と言いますと、上賀茂、下鴨は一体、一緒だということで両社の総称としてつかわれて、五月十五日の賀茂祭（葵祭）も、下鴨神社のお祭りであると同時に上賀茂神社のお祭りでもあります。

「賀茂祭（葵祭）」の始まりは、第二十九代欽明《きんめい》天皇様の時代、六世紀、西暦で申しますと五四〇〜五五〇年のことです。毎日のように雨が降り、風雨が強く、穀物も実らない大変な状況になったので、欽明天皇様が、卜部《うらべ》伊吉若日子《いきのわかひこ》に占わせたところ

「賀茂の神の祟りだ。きちんとした賀茂のお祭りをしないからいけない」

となったそうです。そこで、慌てて欽明天皇様は勅使《ちょくし》を立て、賀茂別雷の神様が言われたように、葵と桂を飾り、馬を走らせるなど、お好みのお祭りをしましたら、世の中がおさまったということです。

このことから、賀茂祭（葵祭）は五穀豊穣、天下泰平のお祭りだということで、明治の初めま

では旧暦で四月の中の酉の日、今の暦で申しますと五月の半ばの十五日に、ずっと斎行されてきたというのが当社のならわしでございます。

さて、賀茂祭のときには、宮司が返祝詞《かえしのりと》を奏上します。

普通、祝詞と申しますのは、神職が神様に奏上する言葉のことを言います。賀茂祭の一番の特色は、この返祝詞を宮司が勅使に向かって奏上することです。勅使は天皇陛下のご名代として、天皇陛下の国民の幸せと国の繁栄を祈るお気持ちを神様に伝えられます。

返祝詞

宮司はその祈りをささげた御祭文《ごさいもん》、簡単に言いますと祝詞（願い文）とお供えをお預かりしまして、御殿の中にお納めし、戻ってきた後、岩上《がんじょう》におきまして、蹲踞《そんきょ》し、勅使に向かって、「今年の賀茂祭にあたって、天皇陛下は勅使の何々さんを遣わされまして、国の繁栄、国民の幸せをお祈り申し上げられました。賀茂の神様は確かにそれをお受けになりました」という返祝詞を奏上します。そして、勅使は「賀茂祭、滞りなくご奉仕して、返祝詞で宮司より神様のご神意をいただきました」と陛下にご報告します。祭りの翌日五月十六日にそのご報告があって正式に賀茂祭は終わるということでございます。これが、ほかの神社にはない独特のものです。

勅使が来られる神社は全国に十七社ございますが、その中でこの賀茂社（上賀茂、下鴨）の賀茂祭、石清水八幡宮の石清水祭（九月十五日斎行）、春日大社の春日祭（三月十三日斎行）の三つのお祭りは、特に三勅祭《さんちょくさい》と言われております。

これは、明治四年に神社が国の管理に置かれる官制の時代になり、この四社については、旧儀のままのお祭りをずっと続けなさいという明治天皇様の思召しによりまして、今日もずっと昔の形のお祭りを伝えております。

『続日本紀』、大宝二年（七〇二）のころには、賀茂祭の日に大勢の方が押しかけるということで、会衆、騎射の禁止、和銅四年（七一一）には、国司の検察、今で言う警視総監が来て安全かどうかをちゃんと監視しますという決まりができたそうです。

神話に基づいた祭りの儀【賀茂川の禊】

さて、『山城国風土記』逸文に記されていました神話に則り、祭りをどのように斎行するのかご説明します。

賀茂祭の行列には、もともと、天皇様のお嬢様（内親王又は女王）が斎王をお務めしていましたが、現在は毎年一人、京都で生まれ育ったお嬢さんが、斎王にかわる「斎王代」として選ばれています。斎王代は、賀茂祭の前、五月四日に十二単の上に小忌衣《おみごろも》（＊2）を身にまとい、川に手を浸し身を清める「御禊の儀」という神事を行います。これは、玉依比売が賀茂川で禊をしていたときに、丹塗の矢を拾って大切な子供をもうけたということに由来しており、上賀茂、下鴨、隔年交代で斎行します。上賀茂では、境内を流れております御手洗川《みたらしがわ》で行われます。

この「御禊の儀」のことは、『源氏物語』第九帖「葵」に、斎王の禊に光源氏がお供をするということで、京都中の関心が集まった、と書いてあり、平安時代から斎王の禊というものは大変人気のあったということです。

また、小倉百人一首では、藤原家隆が大祓《おおはらえ》の様子を詠んだと言われる「風そよぐならの小川の夕ぐれはみそぎぞ夏のしるしなりける（新勅撰集　夏・一九二）」という歌もあります。

斎王について

当社には、西暦八一〇年から一二一二年までのおよそ四百年にわたって、天皇陛下のお嬢様（内親王又は女王）が斎王としてお務めいただきました。その中で、第三十一代後白河天皇様の内親王女王、式子内親王《しきしないしんのう》は、六〜七歳からお体を壊して引かれる十七歳までの約十年間、斎王としてお仕えになられました。その中にはこういう歌があります。

斎院に侍《はべ》りける時、神館《かんだち》にて、

「忘れめや葵《あふひ》を草に引き結びかりねの野べの露のあけぼの」（新古今　夏）

いつきの昔を思ひ出でて、

「ほととぎすそのかみ山の旅枕ほのかたらひし空ぞ忘れぬ」（新古今　雑上）

「斎院《さいいん》に侍りける時、神館《こうだて》にて」とありますから、賀茂祭が終わりましたとき、式子内親王は御殿の裏の神館というお屋敷に一晩泊まられたときに詠まれたと思われる歌で「葵を敷いてここに寝たそのときのことがすごく印象に残っている、神の山のところで寝たときのことが忘れられない」という歌であろうと思います。どういうことかと申しますと、賀茂祭のとき斎王は賀茂別雷の神様と一晩過ごさなければならない。六歳、七歳のお嬢さんでしたら何のことだかわからない、それが十歳、十二歳になるごとに、神様と一晩一緒になって泊まる、そして帰るという意味がわかってきたときに詠まれたものではないでしょうか。

神話に基づいた祭りの儀【御阿礼神事《みあれしんじ》】

御阿礼神事は、賀茂別雷の神様が「阿礼」という場所に賢木を立てて祭りをせよとおっしゃったことに由来し、新たな神霊をお迎えして御殿までご案内するお祭りです。

阿礼というのは神様があらわれる場所のことで、神事は下鴨神社の場合は御蔭祭と言って昼間行いますが、当社では、本殿の裏の御阿礼所で五月十二日の夜に行っています。真っ暗な中で神様をお迎えするお祭りで、残念ながら皆さんに見ていただくことはできません。

神話に基づいた祭りの儀【八尋殿《やひろどの》の宴会】

御殿の中には、賀茂別雷の神様が着る装束が入れてあります。夏物と冬物の二種類を用意しており、五月と十一月に「衣替」を致します。

また、お椀が入った唐櫃《からびつ》とお酒を入れる大きな瓶子も置いてあり、生活に必要な品を備えております。

賀茂祭当日は、内陣（御殿の中）に二十三台のお供えをしまして、外陣（御殿の扉の外）の左右には、七十三品をいろいろ載せた小さな素焼きの土器を置いた机でお供えをします。また、庭積神饌《にわづみしんせん》と申しまして、百二十台のお供えを納めた朱の唐櫃を御殿前の庭上にお供えするなど、当日の神饌全てで二百十六台のお供えをすることになっています。

外陣神饌

賀茂別雷神様は男の神様でも、そんなにたくさんは召し上がられません。お庭にもこのようなお供えをするのは、八尋殿に全国の神様を呼んで七日七夜、大宴会したことに由来していま す。五月十五日の賀茂祭のときには、全国の神様に当社へ来ていただいて、一緒にお食事を召し上がっていただき、楽しく過ごしましょうというのも、賀茂祭の大きな特色でございます。

神様を供応《きょうおう》する準備をしたり、神様が人間の着るようなものを着たり、人間と同じものを食べたりするというのは、ほかの宗教にはない神道の大きな特色です。

私たちは、祖先をあがめ神を敬う「敬神崇祖《けいしんすうそ》」という思いを大切にしております。初物を買った場合やお菓子などを頂いた場合、まずご先祖様に、あるいは神棚にお供えして、召し上がっていただいてから、我々が食べるということなどは、その思いがあるからです。

同様に私たちが食べるものと同じものを内陣、外陣、庭上にお供えをするというのも賀茂祭の特色です。

神話に基づいた祭りの儀【葵と桂】

賀茂祭の飾り付けには「二葉葵」と「桂」が使われます。

これも、賀茂別雷神様が、葵と桂の葉をたくさん束ねて、隙間なく飾って待っていれば私は来ます、とおっしゃった神話に由来しています。

「二葉葵」は、春先三月、四月に芽を吹いて、二つの葉の根元のところに小さな花を咲かせます。この二葉葵の花は、葉っぱの下にあるため全然見えないところで楚々と咲いていています。こういったことが日本人好みということもあろうかと思います。また、葵は万葉仮名で「あふひ」と書き、「ひ」という言葉は、太陽の「日《ひ》」や燃えるものの「火《ひ》」を表すと同時に、神のみたま、神霊の「霊《ひ》」という意味もございます。

「二葉葵」は、一つの根から二つの葉が必ず出ることから、この草を飾ると神様に会える、人と人との出会いを作ってくれる、また、一つの根から二つの葉が出るように一つが二つになり、二つは一つになっている、そんな意味もございます。

桂の木は、枝葉がYの字になっていて葉も二葉葵のように、ちょっとハートのような形をしています。この桂の枝葉に二葉葵を絡ませて飾りを作ります。

通称「葵祭」、正式名称「賀茂祭」は、平安時代の『源氏物語』や『枕草子』では「まつり」としか書かれていません。そして徳川家が天下をとった江戸時代から、葵を飾るということで葵祭と言い出したということです。

徳川家康は三河国《みかわのくに》（現在の愛知県東部）の出身で、そこにある当社のご分霊社の大変な崇敬者であった、あるいはご先祖様がその賀茂社の神主さんだったという説もあります。また、有名な三つ葉葵の家紋は、二葉葵のご神紋をそのまま使うのは神様に失礼だということで、葉を三つにしたということです。

神話に基づいた祭りの儀【走馬の儀】

賀茂別雷神様が馬を走らせて祭りをせよと仰ったということで、賀茂祭の終わりに一の鳥居から本殿に向かって馬を走らせて神様にご覧いただきます。

ご本殿に向かって何頭かの馬が走りました後は、ご本殿の裏、神館から神様を迎えた御阿所に向かって走ります。夕方もう六時過ぎ、神様に馬が走る様子をご覧いただいて、賀茂社での賀茂祭が全て終わるということです。

このように、全て賀茂別雷神様が仰ったことをずっと続けておるのが賀茂祭です。なお、競馬《くらべうま》と申しまして五月五日に、二頭の馬が競走して、左の馬が勝つか右の馬が勝つかということで、その年の豊作を占う祭りもございます。これも九百年以上前からずっと同じ形で続けております。

立砂について

当社の二の鳥居を入りました正面、細殿《ほそどの》という建物の前に円錐形の砂山が一対ございます。これを立砂《たてずな》と呼んでいます。これは、神様がお降りになられた神山をかたどっているものです。神山は一つなのに立砂が二つあるのは陰と陽を表し、どちらの頂にも松の葉を挿しております。

向かって右が二葉の松、左が三葉の松と、偶数を陰数、奇数を陽数としているのも陰陽道に基づいているものです。

西暦五〇〇年代から千五百年にわたって、戦乱等でできなかったこともありますが、お祭りを昔どおりの形でずっと続けているということは、松尾芭蕉が言った「不易流行」という言葉に当てはまるのではないかと思います。

不易は変わっていけないもの、流行はその都度、その年、その時代によって変わっていくものを指します。自由に変わって良いものと、その本質というものを変えてはいけないという言葉、まさにこの不易流行そのままを日本の文化、特に賀茂の文化はずっと続けてきたわけです。

式年遷宮について

御社殿につきましては、第四十代天武天皇の時代、白鳳六年（六七八）に山城国がここに本殿の基となる遙拝殿《ようはいでん》を造ったと文献にあります。初めて造ったということは書いていないので、造り直したのかもしれません。

遙拝殿ができる前は、賀茂別雷神様が降りてこられた神山でお祭りをしていましたが、徐々に神山の下に神様が来ていただけるように、立砂を造り「こちらへ降りてきてください」ということでお祭りをしていたのが、古《いにしえ》の姿だと思います。

しかし、それでもやはり天気の悪い日などは大変なので、神山に向かってお祭りやお参りができる建物を、ということで御殿を造ったということです。

御殿は、全く同じ造りのものが二つあります。神様がいらっしゃる本殿の左には権殿《ごんでん》が建ち並び、全国の神社と異なる造りになっております。

賀茂別雷神様は、一柱《ひとはしら》(＊3)の神様ですが、社殿を二つ持っておられる神様です。本殿に不都合があったら、すぐ隣の権殿のほうに移っていただけるように、権殿のしつらえも本殿と同じようにさせていただいております。

本殿、権殿につきましては、文久三年(一八六三)、百五十年ほど前に造り替えられました。当社の御殿の造りは流造《ながれづくり》という、屋根がきれいな流れになっている形式で、全国の神社の六割以上が流造の御殿とされる中で、一番の基本を賀茂の神社が伝えているということから、国宝に指定されております。

それ以外の建物と申しますと、徳川三代将軍家光のころ、寛永五年(一六二八)に六十棟の建物全てを造り替えており、それらは殆んど国の重要文化財になっています。

実は当社には、本来二十一年目ごとの式年遷宮の制度があります。二十一年ごとというのは、二十年ごとに式年遷宮が行われる伊勢の神宮に遠慮してということでしょう。今日では経済的な問題から、本殿、権殿を百五十年前に新しく建て替えた以外は修復をもって遷宮としております。

この遷宮というのは宮《みや》を遷《うつ》すと書き、神様に新しいところに移っていただくという神道独特

国宝本殿（右奥）・権殿（左）

の考えによるものです。

日本の建物は木造です。日本は木と紙の文化と言っても差し支えないかと思います。そのうえで、手入れをすることによって、世界最古の木造建築物、法隆寺の五重塔のように、千三百年前に建ったものを大事に保存し、かつ火事の災難に遭わなければ、二千年、三千年と保つことができるのです。

それなのに二十一年目ごとに替えるのは、技術の伝承や多くの方々に神社に目を向けていただくという理由もあると思います。しかし何よりも、神様に新しい家に移っていただいて、気持ちよく地域の皆さんに対してお力をいただきたいというのが、神道の考えであろうかと思います。ほかの宗教ではまずないと思います。また式年遷宮は、どんなときも全く同じものを造る、この事が古よりずっと続いている大切な祭りの一つなのです。

これまでも、これからも

最後に、紫式部が『源氏物語』を書かれたのは千年前と言われています。紫式部は、若いころに当社境内にある片山御子神社《かたやまみこじんじゃ》（片岡社）に何度かご参拝に来ておられるようで、

賀茂に詣でて侍りけるに
人のほととぎす鳴かなむと申しけるあけぼの、
片岡の梢をかしく見え侍りければ
「ほととぎす声待つほどは片岡の杜のしづくに立ちや濡れまし」（新古今・一九一）

と、こんな歌を詠まれています。

ホトトギスは、和歌で言いますと大切な人を指していました。つまり、ここの片岡の社には、玉依比売をお祀りしています。神話で言われているように賀茂川で身を清めていたときに流れてきた丹塗の矢に出会い、立派なお子をもうけられた、今で言ういわゆる縁結びの神様ということで、紫式部は、大切な人が声をかけてくれるまで、この片岡の社から落ちてくるしずくに濡れながら待っていましょうと詠んだのではないでしょうか。

いつの時代でも若いお嬢さんが大切な人との出会いを夢見る事がありますが、千年前から

このような趣きのある神社でございます。
また、平安時代後期のものだと言われている境内図の古絵図を見ると、今と全くと言ってよいほど変わっておりません。当社は、神話の時代から賀茂別雷神様のお話が伝えられ、この佇まいも千年以上、千五百年も前から変わらず、ずっと今日まで伝えてきた、またこれからも伝えていく神社でございます。

【注釈】
＊１　平城遷都一三〇〇年／現在の奈良県奈良市付近にあった平城京遷都から平成二十二年（二〇一〇）で千三百周年を迎えた。
＊２　小忌衣／物忌みのしるしとする清浄な上着。
＊３　一柱／神様は一柱、二柱と数えます。

賀茂別雷神社宮司　田中 安比呂
一九六五年明治神宮奉職、一九九七年権宮司拝命、同責任役員委嘱。二〇〇三年賀茂別雷神社宮司拝命。日本会議・京都会長、（公財）京都古文化保存協会理事長、京都府文化財所有者等連絡協議会副会長、神社本庁参与、（学）國學院大學評議員ほか。

清水寺本堂

第二回 清水寺

清水寺の伝灯

清水寺貫主　森 清範

文学や芸能と人々の暮らしとともに

京都は、ご承知のようにたくさんお寺がございます。宗派もいろいろ、宗旨も分かれてございます。市内に千七百軒ほどお寺がありますが、清水寺は、平安時代の千二百年もの昔から、よそのお寺とは少し様相が違い、尊い信仰の場であるとともに遊山的《ゆさんてき》、今で言うたら観光的な意味合いを変わらず持っておりまして、いろんな方が大勢おいでになりました。

日本の古典文学『源氏物語』にも清水寺の観音さんは登場してきはりますし、ほかにも『枕草子』『平家物語』、室町になりますと『御伽草子』にも書かれています。また、謡曲《ようきょく》では、清水寺大本願の坂上田村麻呂将軍が登場する「田村」や「熊野松風《ゆやまつかぜ》に米の飯」と諺に謳われる名曲「熊野《ゆや》」なども清水寺の観音さんを主題としたものでございます。

江戸時代になりますと浄瑠璃や歌舞伎、古典落語などにも観音さんは謡われて語られて描かれてずっと伝わってきているのでございます。

「はてなの茶わん」という落語を知ってはりますか。米朝師匠がようやってはったんですが、あれは、うちの音羽の滝の前から話が始まるんです。そんな縁もありまして、滝の前で対談をいたしましたとき、

「景清《かげきよ》といううええ落語があるねん、知ってるか？」

と言いはったんで、

「いや、知りまへんねん」

と言うたら、教えてあげまっさと言うてストーリーを教えていただきました。京都の彫金の職人さんが目を患わはって、清水寺の観音さんを信仰・信心して景清の目をもらわはるという落語なんです。景清は平家の荒武者で、いくつかある伝説の中で、壇ノ浦の戦いで捕らえられた景清は「源氏の世は見られぬ」と言って、自ら目玉をくり抜いて清水寺に奉納したというものがあるんです。ようできた落語ですね。このように大衆のお笑いの中にまで観音さんが入っては

るんですわ。

また、牛若丸と弁慶が刀の取り合いをしたんは、五条の大橋になっていますが、『義経記《ぎけいき》』という六百年ほど前に書かれた本を見ますと、最初の出会いは五條天神の近くで、このときは引き分けとなり、次に決闘した場所が清水の舞台になっています。周りに欄干があって、弁慶さんと牛若丸さんが刀の取り合いをしてはる挿絵のところには、二人が「舞台へ引いて下合《おりあ》ふて戦ひける」と書いてございまして、確かにうちの舞台です。

また、『源氏物語』の紫式部さん、『枕草子』の清少納言さんはそれぞれ一条天皇の二人の中宮《ちゅうぐう》さんに仕えた女官で、清少納言さんは何遍も清水寺に来てはります。『枕草子』には十回余り清水寺のことが書かれてあるんですが、十回余りということはかなり来てはるということです。何かの折には、寺に上ってきてお参りして、おこもりなんかもしはったことが書かれています。

『枕草子』冒頭の「春はあけぼの。やうやう白くなりゆく、山ぎは、少し明かりて、紫だちたる雲の細くたなびきたる」は有名な文句ですが、これは御所から東山の夜明けの様子を見て、紫がかった細くたなびく雲が何とも言えず良いと言うてはります。清水山とは書いていませんが、私はこれを読んだとき「あっ、これは清水のこの辺を見てはるのやな」と、すぐ思いました。隣の知恩院さんの和尚さんにそう言うたら、「いやいや違う、これはうちの華頂山《かちょうざん》を見てはるのや」と言うてました。いずれにしても華頂山と清水山とはつながっていますので、この辺りの景色のことを書かれたのだと思います。

ほかにも下巻には、「清水《きよみず》などにまゐりて、坂もとのぼるほどに、柴たく香《か》の、いみじうあはれなるこそをかしけれ」―坂を上っていくと柴をたいている香りが何とも言えんな、感動的やな―と書いてあります。書かれている言葉は昔の言葉ですが、内容はそんなに難しいものではありません。お説教を聞いた感想なども書いてあるのです。

例えば、上巻に「説経《せきょう》の講師《こうじ》は顔よき」と書いてあります。お説教する人は、どんな講師がいいかというと男前がええと。おもしろい方ですね。今で言うたらイケメンがええというわけですわ。そして「講師の顔を、つと目守《まも》らへたるこそ、その説く言《こと》の尊さも覚《おぼ》ゆれ」と続きます。その男前の講師の話をじっと見とれて聞いていると説いてはる内容も尊さもよくわかるような気がすると書いてあるんです。その次もおもしろいです。「ひが目しつれば、ふと忘るるに、憎《にく》げなるは罪《つみ》や得《う》らむと覚ゆ。この詞《ことば》、停《とど》むべし。少し年などのよろしきほどは、かやうの罪得《え》がたのことは、書き出《い》でけめ、今は、罪いと恐ろし」と書いてあります。「ひが目」とはよそ見をするということで、男前でない講師の話だとよそ見をしてしまい、聞いたことをすぐに忘れてしまうので、罪を犯してしまうような気分になる。もう私もあの世が近いさかいに、坊さんが男前や、男前やないというようなことは書かんとおこう、と言うてこれを書いて残してはるんでございます。

皆さん、余りお寺へ行かはらしまへんやろう、最近は。昔は皆よう行ったものです。歌を歌うと言うたらお寺でやらはった。盆踊り、相談事、もちろんお説教もお寺なんですわ。お寺というのがいわゆる文化センターみたいなものでした。それが一つ一つ皆分化していき、皆さんだんだんお寺に来んようになりましたけども、当時は皆お寺へ来てはった。

　こういう大衆、庶民の信仰の中にも千二百年の歴史があるわけでございます。

清水の舞台

　スイスの映画監督でベルナルド・ウェーバーさんという方がおられます。この方が平成十九年（二〇〇七）に世界の七不思議を新たに選定しようと発案をしはりました。もともとあった世界の七不思議は、二千年前に地中海を中心として選び出されたもので、残っているのは一つのピラミッドだけということで、歴史的建造物の中から世界の建築学者によって百選定をしはりました。

　百集めた中から七つの倍数にあたる二十一に絞らはって、その中にうちの舞台が入っていました。

　それで、ベルナルド・ウェーバー氏がここへいらっしゃったとき、なぜあの舞台なのかを聞きましたら「ヨーロッパは石の文化、ずっと東へ来て中国のほうへ来ると磚《せん》、れんがですね。さらにアジア・朝鮮半島を通って日本に来たら木の文化です。ほかにもたくさん建造物はありますが、あの舞台はまさにウッドビルディングです」と言いはったんです。

清水の舞台は、ケヤキで造られています。太さが六十センチメートル、長いものは十二メートルもあるケヤキの柱が、舞台の下に十八本立ち、それにケヤキの貫《ぬき》が縦横に通っています。ケヤキでそれだけの長い柱をとろうと思ったらなかなか大変なことで、世界でも本当に珍しい建造物でございます。舞台の下の柱が何本かシロアリで侵されて、修理をせんならんということで、根継《ねつ》ぎをする木を探していますが、その柱の材もなかなか難しいということでございます。

結果的には、清水の舞台は世界の七不思議の中に入りませんでしたけれども、専門家が集めはって選定した二十一の中に入ったということは、これは結構なことやなと思いました。こういう形で文化財のことを知ってもらうのは大事なことで、文化財を壊さないようにしようという意識につながります。文化財を一番壊すのは戦

清水の舞台を支える柱

争なんです。だから、文化財を大切にするということは、お互いに殺し合いをしない、戦争をしないということにつながっていくことだと思っているわけです。

先般、京都市観光協会が国際会議場のメインホールで、五十周年の大会をしはりました。三部構成の第一部、記念の集いの中にアトラクションが三つございまして、まず、祇園甲部《ぎおんこうぶ》のきれいどころ三十人ほどで手打ち（＊1）をしはりました。次に井上八千代さんの祝舞《しゅくまい》がございました。京舞《きょうまい》というのは能の影響を受けていると言われておりますが、横から見ると、歩き方から体のこなし方から体の線から、実にこれはお能やなと思いました。

最後に私が講話をさせていただきました。その際、「清水さんは何でそんなににぎやかなのですか？」という質問がありました。これは、うちの千二百年の企業秘密でございまして、そう簡単に明かすわけにはいきまへんが、お参りの人の目に一番訴えるのは、やはりあの舞台ですわ。石山《いしやま》さん（石山寺／滋賀県）にも長谷《はせ》さん（長谷寺／奈良県）にも舞台がございますが、ここ清水の舞台はまことに大きな造りでございます。

もちろん舞台と言いますから、あそこで舞ったわけでございます。轟門《とどろきもん》から入りますと廻廊《かいろう》がございます。舞台の両側（東西）に設けられております四角いところは楽舎《がくしゃ》（翼廊《よくろう》）と言います。楽《がく》人《にん》（雅楽演奏家）さんが入らはる場所です。

本堂は、舞台が崖の上に張り出してありまして、そこから建物の奥に向かって、外陣《げじん》（礼堂）、内陣《ないじん》、内々陣《ないないじん》の三つに分かれており、その昔から、大きな法会《ほうえ》のときに舞台で舞楽を奉納してまいりました。ところで清水の舞台と言いますと、よく「清水の舞台から飛ぶ」ということを言いますが、飛ばんようにしてください。飛ぶ気持ちで十分でございます。

舞台の床板はヒノキの板をふいておりまして「ひのき舞台を踏む」という言葉はここからきているんですね。「観音さんの前で舞楽の奉納ができた」ことが「ひのき舞台を踏む」ということでございます。

また、能舞台はこの本堂をぎゅっと圧縮したものではないかと思っています。ちょっと能舞台を思い出してみてください。向かって左にある橋掛《はしがか》りが本堂の廻廊にあたるわけでございます。

下手前に角柱《すみばしら》（目付柱《めつけばしら》）、上手前にワキ柱、上手奥に笛柱、そして下手奥にシテ柱、舞台正面奥に鏡板《かがみいた》がありまして、老松《おいまつ》が描いてございます。ヒノキの白木造り、屋根は破風《はふ》で、檜皮《ひわだ》をふいているということまで似てございます。ただ、清水の舞台では観音さんに奉納する舞楽ですので、観音さんの方を向いて舞わはります。反対に、能舞台では主客の観客席が正面にありますので、舞う人は鏡板を背に観客のほうを向いて舞わはるわけでございます。

文明の鐘から平成の鐘へ

清水寺は千二百年の歴史の中で、十回余り大きな火事にあっておりますす。大体百年に一遍ぐらい火事に見舞われておるということですが、寛永六年（一六二九）に焼けて同十年（一六三三）に再興し今日に至っておりますから、ここ三百七十年ほどは火事になっておりません。

何遍もの火事によってもなくならないものがあります。それはつり鐘で、梵鐘《ぼんしょう》と呼んでおります。鐘楼に吊ってあるので火事になった際、どどんと落ちる。どどんと落ちましても捨てずに、建物を再建すると同時に溶かして新しく造り直します。一遍火にかかりますので、溶かすんだそうでございます。ですから、現在重要文化財になっている梵鐘に使われている金属は、恐らく平安時代からのものではないかと思います。

この梵鐘には銘がございまして、文明十年（一四七八）に願阿上人《がんあしょうにん》（願阿弥《がんあみ》）という方が造ったと記されております。文明十年ですから五百四十年ほど経っており、先ごろお蔵入りいたしました。なぜかと申しますと、この梵鐘は毎朝五時に十三回撞きます。それで朝のお勤めが始ま

文明十年改鋳の梵鐘

るわけですが、毎朝撞いておりますので、金属疲労と言うんでしょうか「ひびが入ってきたらあかんさかいに、文明十年の梵鐘をお蔵入りにして平成の梵鐘をつくらはったらどうですか？」と門前会の方々が寄って、「平成の梵鐘は我々でつくらせてください」とお勧めいただき、この前吊り換えました。

私は、文明十年という年号に大変興味を持ちました。京都のこの狭い中で東と西に分かれて約十年間続いた応仁の乱が終わりましたのが文明九年です。そして、次の年にもうお寺の梵鐘ができて、順々にお堂を再興していっているのです。その再興に尽力したのが勧進聖《かんじんひじり》（＊2）の願阿上人でした。

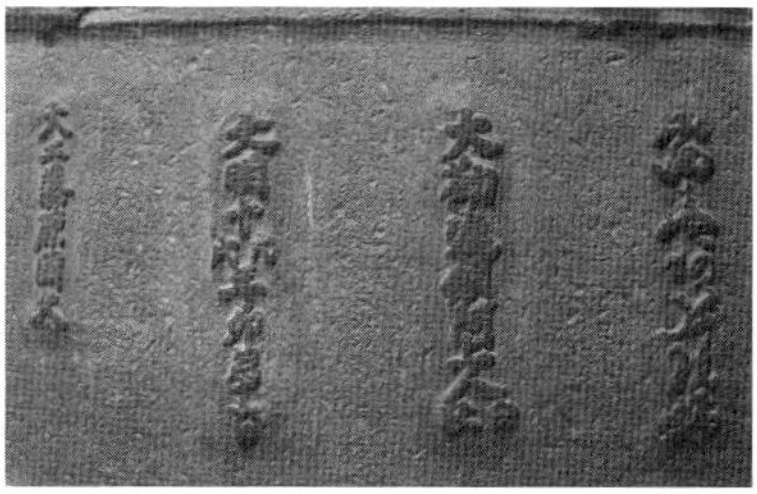
梵鐘に記された銘

資料が非常に少ないのですが、調べてみますと、この願阿上人は今で言うボランティア活動をなさったいわゆる施行者《せぎょうしゃ》（＊3）なんです。飢饉で亡くなったたくさんの方々を丁重に葬り、食べるものや着るものなどほうぼうから集めてきて提供しておられたんです。そういった活動は一人ではとてもできませんが、たくさんの賛同者がついて、周りから物資を集めてきて、人々に供養したということです。

願阿上人は応仁の乱が終わって、真っ先に鐘を造り、清水寺のこの高いところから鐘を撞き、その音は京都のまちに響いたことだと思います。再び人が人を殺し合うような、傷つけ合うような戦争はやめよう。

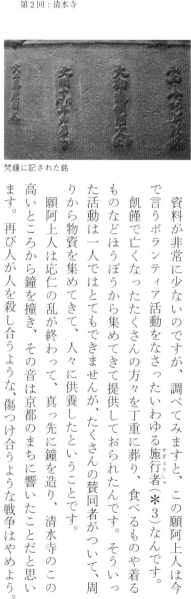

そして、元気を出して京都の復興に向けて頑張りましょう。こういう意味合いを込めて、一番に梵鐘を造らはったのでしょう。ごんという鐘の響きに皆さんの心が新たになっていったことと私は思うのでございます。

この梵鐘がどのように造られたのか、清水寺は十回も火事がありましたので資料がございません。しかし寺の外に残っている資料を見ますと、お公家さんの壬生晴富《みぶはれとみ》という方が、非常に筆まめでございまして、きっちり日記を書いてはるんです。『晴富宿禰記《はれとみすくねき》』という日記の文明十年四月十六日という項に、今日清水寺の鐘が鋳造《ちゅうぞう》されたとあります。内裏の西辺りに仮の小屋を建て、鐘を造った、発起人は十穀坊主と書いてございますから、願阿上人は五穀と塩を断って修行するお坊さんだったんです。さらに、次の日には鋳鐘参詣《さんけい》とも書かれてございますから、近所の方々がたくさんこの鐘のお参りに行かはったということもわかります。

二十日の項を見ますと、「洛中の諸人合力《しょじんごうりき》」、「力車《りきしゃ》(荷車)の上、鐘の傍らに風流《ふりゅう》(＊4)あり」とありまして、十六日にできた鐘を清水寺に引き送ることが書いてあります。つり鐘を車に乗せて引っ張っていくとき、道が悪く車が壊れたことや洛中の人々が皆寄ってきて、車を押したりして、車の上には踊りやお囃《はや》しが乗って、鐘や太鼓を鳴らしてどんどこどんどこ、わっしょいわっしょいと言うて上がっていかはった様子がわかります。

また車の上には「木振り等これに乗る」と書いてございます。木振りというのは、上のほうの葉っぱを残した高い木を立てることを言います。そうすることによって遠くからでも何か運行しているとわかるということです。

この様子について、清水寺の信徒総代を務めたことがある歴史学者の林屋辰三郎先生に伺いましたら、「京都の祇園祭の再興の原型になったんと違うか」とおっしゃっておりました。また、有名な奈良の大乗院に伝わる『大乗院寺社雑事記《だいじょういんじしゃぞうじき》』の文明十年四月十三日から十六日ぐらいまでの項にも清水寺の大鐘が造られていく様子が書いてあります。ということは、まことに正確に、そして速やかに、京都の情報が奈良にちゃんと到達していたということがわかるわけでございます。

私は毎朝五時の鐘の音を聞いて起きるんですけど、文明十年の梵鐘を吊り換えるという日は、五時前に起きて鐘楼へ行き「鐘を撞かせてんか」と言うて十三撞いて、それからお勤めに行ったわけでございます。五百三十年も続いてきた梵鐘が私の代になって、それから代わるということは、どうも侘しいてならんわけでございます。そのときに、私、与謝蕪村の「涼しさや鐘をはなるる鐘の声」という俳句を思い出しました。ちょうど今ごろでございましょうか、夕方の鐘の音を聞いてると、一つ一つ消えていくがごとくに涼しい風が吹いてくるというふうにも私は解釈しておりますが、そこでちょっともじりまして、「寂しさや鐘をはなるる鐘の音」。うまいこと詠みましたやろう。これは、本歌取《ほんかど》り（＊5）ですな。

言葉や音に宿る仏教の教え

梵鐘の「梵」という字、これはサンスクリットから来ていて、お釈迦さんの当時の言葉で「ブラーフマン」という言葉を音訳《おんやく》しています。仏教はインドから来ましたから、中国の学僧はインドの言葉を訳すときに音訳と漢訳、つまり漢字による音写《おんしゃ》と中国語への翻訳をしてるんです。だから漢訳できないものは聞いたままの音に漢字の音を当てはめ（音訳）、そして意味の上でも漢訳しようとしているわけです。

南無という言葉がございますね、南無阿弥陀仏。あれは「ナマス」というサンスクリットの言葉を聞いて「南無」という漢字を当てました。音だけを合わせています。それに帰命《きみょう》とか帰依《きえ》というような意味を持たせています。だから、南無阿弥陀仏やったら、阿弥陀さんに帰依いたしますということになります。それから「卒塔婆《そとば》」はサンスクリット語で「仏塔」を意味する「ストゥーパ」に漢字を当てはめたものです。お釈迦さんのお舎利をお祀りするお墓「ストゥーパ」をもとに作られたのが五重塔などで、後には五大（＊6）を象徴する五輪塔が作られ、これを簡略化させたものが卒塔婆の形になっています。

一方、「涅槃《ねはん》」はサンスクリット語で「ニルヴァーナ」のことで、煩悩の火が吹き消された状態の安らぎや悟りの境地のことを言います。「涅」には「黒い土」や「土で塗りふさぐ」、「槃」には「巡る」や「たらい」というような意味があります。したがって、亡くなったら土の中へ入れて、また再び甦ってくるというような意味を持つ漢字を当てているのです。つまり「ニルヴァーナ」を音訳する漢字に意味を当てはめてるという、中国の学僧はなかなか器用でございます。

先ほど「ブラーフマン」を音訳したのが「梵」と申しました。この漢字を字引で引きますと、「風に吹かれる木の音」と書いてあります。風が吹き渡って木葉が一斉にそよぐことがありますが、ああいう状態です。何とも言えん、すがすがしい、いい音やな、いい感じやなということを表しているほか、厳か、荘厳という意味にも通じています。『法華経』に「梵音海潮音《ぼんおんかいちょうおん》」と書いてあることからもわかります。つまり梵の音は海の波のざわざわと来るような、そういう感じの荘厳なもんやというように言うております。

また、お寺のことを「梵刹《ぼんさつ》」、お寺の行を「梵行《ぼんぎょう》」と言いまして「梵」という字は、すがすがしい、清浄なというような意味が含まれているのであります。

「梵」に心をつけた「梵心《ぼんしん》」という字は、一般の字引を引いても出てきませんが、清浄な心になろうということです。お寺へ行かはりましたら、どこでもきれいに掃除してあります。何とも言えないええ気持ちですね。本堂へ入りましたら、お花があって、お線香があって、そして静か。また、南無阿弥陀仏南無阿弥陀仏と言うて大勢の人で称えてはる、声明《しょうみょう》も誠に清らかですね。天台声明《てんだいしょうみょう》は有名でございますが、聞いておりますと非常に心爽やかに、本当に心落ちつきます。そういう音を聞くのが梵心につながるんですね。また、ごんと鐘を鳴らしますのもそういう意味合いがあります。皆さん方、一遍お寺の鐘というのをじっくりと聞いてみてください。

ええもんでございますよ。

お寺の鐘の音というのは日本だけではないんです。ミレーの「晩鐘」という絵がございます。農夫が一日仕事をした後、教会の鐘の音を聞いて、畑で神さんに祈ってはるんです。今日一日無事に済みましたという神への祈りなんです。

この一日の祈りというのは、わかりやすい言葉で言いますと、感謝ということです。そういう気持ちにしてくれるのがお寺の鐘の音です。ですから、お寺の梵鐘の音をじっくりと聞いていただいたら、ああ、そうかなとおわかりいただけるんじゃないかと思います。

祈りといのち

祈りには「仏に祈る」と「仏を祈る」の二つがあります。これは似てるようですが違います。「仏に祈る」というのは、仏さんや神さんに「何かしてください」、「どうぞ一つ願いを聞いてください」と神仏を信仰することによって恵みを授かることで、これを現世利益《げんせりやく》と言います。これは我々の世界では当然あることで、お百度を踏んだり、お千度参りをしたり、あるいは水ごりをしたりするのは、誠の心を神さん仏さんに示さはるためでございます。

現世利益は自分のためだけというわけではありません。例えば、野口雨情《のぐちうじょう》という有名な作詞家が、たくさんええ歌を作ってはります。代表的な童謡に「シャボン玉」がございます。

シャボン玉飛んだ、屋根まで飛んだ、屋根まで飛んで、こわれて消えた。

シャボン玉消えた、飛ばずに消えた、生まれてすぐにこわれて消えた。

風風吹くな、シャボン玉飛ばそ。（童謡シャボン玉）

大正十一年に作られたこの歌は私も小さいときによう歌いました。新しい命への賛歌であると思いますが、「消えた」という言葉が随分と出てまいりまして、最後に「シャボン玉飛ばそ」と閉めています。これは、「消えた命」に対して、成仏してほしい、もう一遍生まれ変わってきてほしいと、そういう願いを託して神仏に祈ってはるのではないかと思うわけでございます。

もう一つの「仏を祈る」というのは、これは何も目的を持ちません。神さん仏さんに「おおきに」と感謝するということでございます。

江戸時代、庶民の間で伊勢へのおかげ参りが流行りました。この「おかげ」の意味は、お参りして神様のご利益を賜る、村や町の人々が旅の資金を出し合った「伊勢講」によって行けなかった人もご利益を授かる、また、道中、食べ物や宿泊を無料で提供してもらった「みなさんのおかげ」など諸説ありますがやはりこれも「おおきに」と感謝することだったのではないかと思うわけでございます。

仏に祈る、仏を祈る、この仏って何やと思いますか。

仏の定義というとちょっと難しくなりますが、私は、若い人たちなどに「仏というのは、ここにこうして生きている命そのもの」ということをよくお話しします。

大乗仏教の基本は全てのものに仏が宿る、石も草も木も森羅万象全てに仏さん、つまり命が宿ると説いております。考えてみますと不思議ですね、命というのは。

命には「見える命」と「見えない命」があります。見える命は、生物的生命と言うたらわかりましょうか。見えない命は、宇宙のエネルギーというか、縁というか、そのようなものであります。かけがえのない見える命の不思議さと尊さ、それを見えない命が支えているのです。宇宙の法則もそうでしょうし、大自然の恵み、社会の人々の働きもそうでしょうし、見えない無数の力が見える命を生かしめているのであります。

小林一茶の晩年の句の前書きに「耕さずして喰ひ、織らずして着るていたらく、今までばちの当たらぬも不思議なり」と書いています。私はこれを読んだとき、誰かが働いていてくれる、実際目に見えない命が自分の命を支えているということを感じたのでございます。その陰にある見えない命を私は宗教的生命というものではないかと思うんです。

皆さん方、今朝、目が覚めはったとき一番に何を思わはりましたか。今日は天気がええなと思わはったんと違いますか。そのとき、俺の心臓動いとるな、ありがたいなって、何人思わはりましたか。皆目が覚めるのが当然やと思ってるんです。でもそれはわからないことなんです。朝目覚めることは当然ではなく「万が一のこと」なんです。明日の朝、目が覚めたら、その場で「おおきに」と手を合わせてください。何に「おおきに」と言うのか。命は見えない命に支えられているのです。ですから「おおきに」と手を合わせる、それが「仏を祈る」ということです。清水寺の観音さんは私たちの「感謝」の心がお姿になったものです。自分を含めて、あらゆるものに宿った命に対して、皆さん「おおきに」の気持ちを忘れずに日々過ごしていってください。

【注釈】

＊1 手打ち／拍子木などを一斉に打ち鳴らしながら、ほめ言葉などをうたう慶事の出し物。

＊2 勧進聖／各地を遍歴しながら説法を行い、人々から寄付を受け、必要経費以外を寺院の堂塔、仏像、鐘などの造立・修復に充てた僧。

＊3 施行者／仏法の善行を積むため僧侶や貧しい人々に物を施し与える人。

＊4 風流／中世芸能の一つ。

＊5 本歌取り／和歌・連歌などで、古歌の語句・趣向などを取り入れて作歌すること。

＊6 五大／宇宙を構成しているとする地・水・火・風・空の五つの要素のこと。

清水寺貫主　森 清範

一九四〇年京都市生まれ。十五歳で得度。花園大学卒業後、清水寺真福寺住職などを歴任。一九八八年清水寺貫主・北法相宗管長に就任。著書に『見える命　見えないいのち』『四季のこころ』など多数。

五重塔

第三回　教王護国寺

古いままで新しい文化

教王護国寺
第二五六世長者　砂原　秀遍

仏法僧を表す伽藍配置

東寺は、正門である南大門から入りますと、金堂《こんどう》、講堂《こうどう》、食堂《じきどう》と三つの建物がございます。これは、三宝《さんぼう》である仏法僧を表しています。

仏法僧の三宝については聖徳太子の『十七条憲法』にも記されています。第一条は、「一に曰く、和《やわらぎ》をもって貴しとし、忤《さから》うことなきを宗《むね》とせよ。人みな党《たむら》あり。また達《さと》れる者少なし。あるいは君父《くんぷ》に順《したが》わず、また隣里《りんり》に違う。しかれども、上《かみ》和ぎ、下《しも》睦《むつ》びて、事を論《あげつら》うに諧《かな》うときは、すなわち事理《じり》おのずから通ず、何事か成らざらん」―和を大切にし、人といさかいをしないように。人にはそれぞれ付き合いというものがあるけれど、この世に理想的な人格者と言われる人は少ないものです。ゆえに君主や父に従わなかったり、身近な人々との仲たがいを起こしたりする。しかし、上司と下僚が仲睦まじく論じ合えば、おのずから物事は筋道にかない、どんなことも成就するでしょう。―と言っていて、第二条で、「二に曰く、篤《あつ》く三宝《さんぼう》を敬え。三宝とは、仏《ほとけ》・法《のり》・僧《ほうし》なり。すなわち四生《ししょう》の終帰《しゅうき》、万国の極宗《ごくしゅう》なり。いずれの世、いずれの人か、この法を貴ばざらん。人、はなはだ悪しきもの鮮《すくな》し。能《よ》く教うるをもて従う。それ三宝に帰りまつらずば、何《いずれ》をもってか枉《まが》れるを直さん」―篤く三宝を信仰しなさい。三宝とは釈迦、その教え、僧のことです。それはあらゆる生きものの最後に帰するところで、全ての国々の仰ぐ究極の拠り所です。どのような時代のどのような人でもこの法を崇めないことがあろうか。心底からの悪人は稀で、よく教え諭せば必ず従わせることができます。仏教に帰依せずに、どうして邪な心を正すことができるのでしょうか。と三宝のことを言っています。

　東寺の本堂、いわゆる「仏」にあたる建物が金堂で、薬師如来を本尊として金色の如来像が祀られております。

　そして「法」、仏の教えにあたる建物が講堂です。講堂は、弘仁十四年（八二三）の正月十九日、嵯峨天皇から弘法大師が東寺をいただいた後、着工したものです。講堂には、二十一体の仏像の彫刻が安置されており、これを羯磨曼荼羅《かつままんだら》と申します。

真言宗には曼荼羅というものがございまして、それが真如《しんにょ》であり、法であります。この曼荼羅を法として、その言葉を二十一体の仏像の姿で表しております。

食堂は、生活の中に修行を見出すところ、すなわち「僧」を表しています。『観無量寿経《かんむりょうじゅきょう》』というお経の中でも「菩薩は禅三昧をもって食と為す」と説いています。菩薩とは、仏さんになる前のお坊さんのことで、その仕事は自他一切の人々を救うことでございます。それを一生忘れず静かに考える。そして、一切の人々に奉仕をする、献身せよ、自分の身を捧げよと言うております。

このように金堂・講堂・食堂で仏法僧の三宝になっております。

余談ではございますが、東寺境内にある洛南高校の校訓も、一つ、自己を尊重せよ、これが仏。一つ、真理を探求せよ、これが法。一つ、社会に献身せよ、これが僧となっており、仏法僧の三つを柱としています。

金堂（国宝）

弘法大師が講堂の次に建てたのが五重塔でございます。高さが約五十五メートルあり、木造の建築物としては日本一の高い塔でございます。

この五重塔の一層の屋根から落ちる雨落ち（雨垂れ）の線をたどると正方形ができます。その正方形の対角線の長さが金堂の南北の雨落ちの線になります。この雨落ち線を一辺とする正方形の対角線の長さは、金堂の東西になっております。したがって上から見ると、金堂は南北より東西が広い長方形となっております。

このような決め事を守り、平安時代から建て替えても、建て替えても、当時の姿のまま同じ大きさにつくられておるのが東寺の建物でございます。

天皇さんのおられた京都御所も昔のままではございません。平安京の玄関口であった羅城門《らじょうもん》や東寺とともに建てられた西寺も今は残っていません。しかし、東寺は伝統の技術に進化的なやり方を取り入れて、平安時代の姿のままを伝えております。よく西洋の人たちは、日本の文化は古いままに新しく、しかも進化的であると言っていますが、それが東寺の文化であり、日本の文化でございます。

講堂　大日如来坐像

修行時代と戦争、いのちについて

中近東では、いまだに争いが絶えません。考えてみるとあれは宗教戦争なのです。宗教が違うと、けんかばかりしておるのでしょう。日本の宗教ではそういったことはありません。神道と仏教とがけんかしたことがありますか。みんな包んで、仲よく、和をもって尊しとしてやっているのが日本の文化でございます。

大和の国に都があった時分、そのころにはもうお寺がたくさんありまして、それぞれ好きなことをして、仏教の姿もだんだん崩れていっておったようでございます。それを比叡山の最澄さんや東寺の空海(弘法大師)が、こんなことではいかんということで、新しい仏教を中国から伝えます。その伝えたものの中に大切な密教があります。

人間というのは、その存在、人間が「ありのままでおる」ということが尊いことなのです。しかし、その存在する人間が人間らしく生きるには、いろいろしてはならないこともございます。そういったことや存在する私たちのあるべき姿などを教え説いたのが密教でございます。

特に平安時代の初めにできた天台宗や真言宗は、そういうことに非常に力を注いでおったようでございまして、いまだにその教えは大事に伝えられております。

仏教にもいろいろございまして、平安時代の初めごろには、倶舎《くしゃ》、成実《じょうじつ》、律《りつ》、法相《ほっそう》、三論《さんろん》、天台《てんだい》、華厳《けごん》という七つの宗派があり、そこへ弘法大師が伝えた真言密教が入りまして、八宗と言われています。昔は、八宗兼学《はっしゅうけんがく》と言って、自分のお宗旨《しゅうし》以外のお宗旨の勉強も皆しておったようです。

私が小僧になったのは昭和十二年（一九三七）、日中戦争が始まったときです。その後、四国二十三番のお薬師さんを祀った薬王寺で勉強させていただきました。勉強とはすなわち修行です。小僧の修行ですので、掃除をしたり、手習いをしたり、厳しく使われたものでございます。そのような中でも、薬師如来のご真言である、「おんころころ せんだり まとうぎ そわか」を田舎の人たちはようやらんもんですから、「おんころころ せんべがまくれて しとうてすえたか」と、こういう言い方をしている人もいて、おもしろいなと思っておりました。

学校は、徳島県海部郡日和佐町の徳島県立海部中学に通っておりまして、一年生のときに、上級生からひどい目に遭いました。コの字型に上級生が並んでいるところへ入り込んだところ、顔が腫れるほど叩かれまして、上級生から

「このことを先生に言うか？」

と聞かれて、私は

「はい、言います」

と答え、先生に言いましたところ、寮監の先生は首になり、校長は代わり、上級生は退校や放校処分になりました。正しいことをしたと思いますが、人にひどい目を受けさせたものですから、私も高野山中学へ転校しました。

月日は流れて、私が中学五年生のときに、徴兵制度が新しくなりました。それまでは二十一歳だった兵隊検査が数え年で二十歳からになり、私は昭和十九年(一九四四)十二月二十日に島根県の浜田連隊へ入兵し、翌年の正月の二日には戦地へ赴きました。

そのときにはわかりませんでしたが、宗教家を兵隊に引っ張り出したのは日本だけで、外国では「宗教家を兵隊にして人殺しに行かせる」などということはなかったそうです。

戦地では、私が坊主だということを皆知っていたので、休憩時間などに仏教の話を聞かせてあげておったものです。また、「人間の命は尊いという教えは聞いたけれども、人を殺して良いなんていう教えは聞いていない」と、将校室の前で訴えたこともありましたが、八人いた将校のうち誰一人将校室から出てくることはなかったです。

ほかにも、戦争ですから陣地づくりをしておりまして、ある日、酔って陣地から兵舎へ帰る途中、菊の紋章の入っている鉄砲と百二十発の玉を捨てたりもしました。もちろん

「どこで捨てたか」

と言って叱られましたが、

「酔っぱらっておって知るか」

などと言うておったんです。古参兵たちは総出で夜の中国のあちこちを探し回り、私が捨てた鉄砲と玉を持ち帰ってくれましたが、百二十発の玉のうち、三十発(一箱)がどうしても見つからなくて、最後まで問題にされておりました。天皇さんの菊の紋章のついた鉄砲を捨てるのですから、

国賊です。本当にひどいことをしたものです。

こういった話は、今でこそ言えますけれども、当時であれば国賊ですから、死刑に遭うべきだったのです。しかし死刑に遭わなかったのも、仏さんのおかげだなと思っております。それは命にかかわるものですから今では本当におかげさま、おかげさまと言って拝んでおるところです。

命は大切なもので、私の命もそうです。なぜ人間の命が大切かと言うと、私一人のものではないからです。私のために男の親と女の親がおりますが、その二人の親にもそれぞれ二人の親がおります。そんな風に十代遡って数えていくと、千二十四人になるようです。さらに二十代遡ると百万人、三十代遡ると十億の親がおることになります。そのように私一人のために、ものすごい血が流れてきております。いかに私というものの存在が尊いものであるかは、このようなことを考えればわかることです。

そのように、おかげさまで、親のおかげで私というものがあるわけです。「在《あ》る」ということは、存在するというものは全て、この世の中で不要なものではないのです。そして、人間が本当にありのままの自分を知ったときに悟りを開くと言われています。悟りを開くということは、すなわち仏さんになることなのです。

儒教と道教、そして仏教

中国では、孔子さんが悪いことはしてはならんという教えを説きます。いわゆる道徳理論、それが儒教です。そして、その上に薬を使って、天上界で生活したら安楽になるというような教えを説きますが、それが老子の道教（＊1）でございます。この儒教と道教は教えではありますが、「人間」の教えなので宗教ではありません。

仏教は、「仏」の教えです。しかし仏教の開祖であるお釈迦さんも、もともと人間の王子でした。この王子が二十九歳のときに、嫁さんや子供を捨てて家を出て修行に入り、三十五歳のとき菩提樹の木の下で悟りを開き、それが仏教の始まりとなります。この悟りを開いた人を仏と言い、その教えが仏教となります。

修行中は坊さんと言いますが、いずれにせよ人間は、ありのままでも悟りを開くことのできる尊い存在なのです。

しかし、ありのままの人間では、地獄、餓鬼、畜生といって、ひどい目に遭います。なぜかというと道を知らないからです。

仏教には十の世界があると言われ、そのうちの六つは迷いの世界で「六道」と言われます。六道の中の、地獄道、餓鬼道、畜生道はいわゆる煩悩です。例えば食べ物ばかりを探す、男は女を探す、といったことを言います。そういうものは人間だけでなく、動物や鳥もやっておるわけです。畜生は教えなどというものは決して守りませんし、そうであるのが畜生です。地獄道、餓鬼道、畜生道は、人間らしくない道で、三つの悪の道と書いて三悪道と言います。あとの三つは三善道と言われ、修羅道(阿修羅)、人間道、天道になります。

十の世界の残りは「声聞《しょうもん》」、「縁覚《えんがく》」、「菩薩」、「仏《ぶつ》」で、この四つは「四聖」と言い、仏教修業によって初めて得られるものであります。

また、仏教には、小乗《しょうじょう》仏教と大乗《だいじょう》仏教があります。「乗」とは乗り物のことで、悟りへと運んでくれる教義を乗り物に例えたものでございます。小乗仏教には、教えを聞いて悟りを目指す「声聞」と一人で悟りを目指す「縁覚」があり、まとめて二乗《にじょう》と言います。つまり二つの乗り物があると言うことです。

人間はとにかく苦労するものです。みなさんが普段使われている「四苦八苦」という言葉がありますが、仏教では、生きる苦しみ、老いる苦しみ、病気の苦しみ、死への苦しみと人生の苦しみを大きく四つに分けたものを「四苦」と言い、さらに、別れの苦しみ、会いたくない人にも会わなければならない、いわゆる付き合いの苦しみ、欲しいものが手に入らない苦しみ、体と心があることで生まれる苦しみの四つを加えて「八苦」と言います。このように仏教では「四苦八苦」とは苦しみを分類した言葉になるのです。

人間とはそういう苦労をするものですから、それから逃げ出そうとして、教えを聞く。それが声聞です。

そして縁覚は、人間の苦しみや悩みの原因を十二の項目にした「十二因縁《じゅうにいんねん》」を観察して迷いを断ち真実を悟ることを指します。十二因縁とは、「無明《むみょう》」、「行《ぎょう》」、「識《しき》」、「名色《みょうしき》」、「六処《ろくしょ》」などがあり、全てのものや事柄には何かの因果、縁があり、それを明らかにしていくお宗旨でございます。縁覚は、これらの因果や縁を知ることによって悟ることができるわけです。つまり自分で悟るということなのです。縁によって知るというだけでなしに、一人で悟る。何かのはずみに気がつくという悟り、ということから「独覚《どっかく》」とも言います。

声聞も縁覚も、自分が救われないのに他人は救えないということで、まずは自分の悟りを優先して目指すことから小さな乗り物に例えられています。

小乗仏教に対して、大乗仏教は、自分一人の悟りだけではなく、多くの人を理想世界へ運んでくれる大きな乗り物を指します。

大乗仏教の根幹には「自利利他《じりりた》」の教えがあります。「利」とは救いや幸せのことなので、「自利」は自分の、「利他」は他人の救いや幸せという意味になります。この「自利」と「利他」は二つの事柄ではなく一体です。自分が幸せになると同時に他人も幸せになる、この「同時」というのが小乗仏教との違いです。

大乗仏教は、『唯識論《ゆいしきろん》』を教典とする「法相宗《ほっそうしゅう》」、三論《さんろん》（中論《ちゅうろん》・百論《ひゃくろん》・十二門論《じゅうにもんろん》）を教典とする「三論宗《さんろんしゅう》」、東大寺の「華厳宗《けごんしゅう》」、戒を保つ「律宗《りっしゅう》」と、日本では四つありました。「戒」とは「防非止悪《ぼうひしあく》」

のことで、これは、日常の行動を非道や悪から遠ざける「心がけ」、その「心がけ」による「行い」で「習慣」にすべきもののことです。

そして、弘法大師が密教を体系化したものが真言密教で、その教えを教義としているのが真言宗です。「真言」とは真理を表す言葉で、この真言密教が東寺の教えです。真言宗は、今までに日本に伝えられた仏教のいろいろなお宗旨とは全く違う仏教でした。

それまでの教えというものは、我々人間というものは、全て尊い存在でありながら、煩悩があり、道を知らないため、悟りを開くこともできないということに対して、顕教《けんぎょう》、すなわち、全ての教えを説いて明らかにして、世の中のこと、それから自分のことを知る教えでしたが、密教の場合は、これを通り越して、本当の自分の蔵を開くというか、真理そのものを説いた秘密の教えのことを言い、段階を経ないと公開されない部分も多いことから密教と言われました。

真言宗の開祖・弘法大師

真言密教を伝えた弘法大師は、いろんな宗旨の勉強をするほか、一生の間に多くのことを書いております。『性霊集《しょうりょうしゅう》』は弘法大師が作った詩文を弟子が十巻に編集したものですし、人間の心を十段階に分けて、それぞれに代表的な思想を配置して真言密教の体系を述べた『十住心論《じゅうじゅうしんろん》』など本当にいろいろございます。承和二年（八三五）三月二十一日に亡くなるほんの少し前、三月十五日まで執筆されておりました。

弘法大師は、大学入学前に母方の叔父である阿刀大足《あとのおおたり》に儒教の教えを聞いて勉強しましたが、儒教は自分だけの善悪を示すもので、人助けするということがない、それでは人のためにならないと、二十四歳のときに、『三教指帰《さんごうしいき》』というものを書いています。その序文には

文《ぶん》の起こり、必ず由《ゆえ》あり。天朗《てんろう》なるときには、すなわち象《しょう》を垂《た》る、人《ひと》感ずるときは、すなわち筆を含む。

これのゆえに、鱗卦《りんけ》、聘篇《へいへん》、周詩《しゅうし》、楚賦《そふ》、中《ちゅう》に動じて紙にしるす。（三教指帰）

物事を文章にするには必ず理由があります。自然界にいろいろな現象が起きるように、人間は感動したときに、そのいろいろな想いを書きあらわすもの。だから、心の感動を書き記した『易経《えききょう》』（中国上代の聖帝伏犠《ふくぎ》著）、『道徳経《どうとくきょう》』（老子著）、『詩経《しきょう》』（中国最古の詩篇）、中国戦国時代の楚地方で謡われた詩を集めた『楚辞《そじ》』などのすぐれた古典ができ上がったのです。とありますが、ここからも弘法大師が多くのことを勉強していることがわかります。

この『三教指帰』は、儒教、道教、そして仏教の三つの教えについて三人の対話形式で書かれており、仏教の優位性について書かれていますが、決して儒教、道教がだめな教えだとは言っておらず、いずれも聖教なりと言っています。そのことからも儒教、道教のその教訓までよく

勉強していることがわかります。そのうえで、やはり人を救うことのできる教えは仏教であるということで、仏教に入り、行者と一緒に奈良や京都の山林で勉強をしました。

弘法大師の『御遺告《ごゆいごう》』に「吾れ仏教に従いて、常に要を求め尋ぬるに、三乗、五乗、十二部教、心神に疑いあって、いまだ決をなさず。唯願わくは、三世十方《さんぜじっぽう》の諸仏、我に不二《ふに》を示し給え」という部分があります。仏教には三乗や五乗、十二部教など多くの教えがありますが、どれが肝要のものなのか、心中に疑惑が生じていまだに決定することができないと言っているのです。

不二というのは、生と死や善と悪など相反する二つの原理があるように見える事柄も、絶対的な立場から見ると一つのものであるということを言います。つまり「ありのままの人間」と「あるべき人間」、この二つが不二で、存在するものは皆どれも尊い、しかし不二の真理がわからないため「我に不二を示し給え」と、祈願されたのです。そして、結願《けちがん》の日に「久米寺《くめでら》へ行くべし」と仏のお示しを受けて、そこで大日経《だいにちきょう》に出会い「如実知自心《にょじつちじしん》（実の如く自心を知る）」という言葉を見つけました。如実知自心とは、「ありのままの己の心を知る」という意味で、仏教の悟りなのですが、そのときは言葉の意味がわからず、また、当時の日本には「如実知自心」という言葉の意味を教えてくれるお坊さんもいなかったため、桓武天皇の許可を得て、中国へ勉強しに行くことにしました。

中国へ渡った弘法大師は、長安（現西安）にある青龍寺《せいりゅうじ》の恵果阿闍梨《けいかあじゃり》というお和尚さんに出会います。そこで初めて、金剛界《こんごうかい》の思想を説いた金剛頂経《こんごうちょうきょう》や胎蔵界《たいぞうかい》の大日経《だいにちきょう》などを教えていただき、自身でも漢文やインドの言葉などでたくさん勉強して、如実知自心が悟りだということに気がつくわけです。

本来であれば二十年間勉強しなければならないところ三年ほどで戻る際、教えの大事な経典や衣、頂いた密教法具など持ち帰っており、それらは東寺の校倉づくりの宝蔵に納められました。

また、弘法大師は真言密教を伝える、書き物を残す以外にもさまざまなことをしています。例えば、当時は従五位以上の官吏の子供しか学問を志すことは許されておらず、一般の人たちは勉強してはならなかったのですが、綜芸種智院《しゅげいしゅちいん》という学校をつくりまして、庶民の子供でも勉強ができるようにしました。

弘法大師の行ったことや残された文章は、短い時間でお話しできるものではありませんので、ご縁がありましたら、またお話しするときもあるでしょう。

【注釈】

＊1 道教／中国で自然発生的に成立したとされる、老荘思想や民間信仰、神仙思想、陰陽五行説、易など。老子は道教の開祖ではなく道教の複数の宗派において神格として崇拝されている。

教王護国寺第二五六世長者　砂原 秀遍

島根県隠岐島町生まれ。一九五七年教王護国寺（東寺）入山。法会部長、事務長を経て、二〇〇四年真言宗総本山教王護国寺第二五六世長者、東寺真言宗第二世管長就任。二〇一九年七月遷化。

国宝　金堂

第四回　醍醐寺

木の文化、紙の文化の伝承　醍醐寺

醍醐寺座主　仲田　順和

醍醐寺の始まり

醍醐寺は境内地が二百万坪ございます。その二百万坪の境内地の中央にそびえておるのが五重大塔でございます。この五重大塔のもとで、醍醐の里の人たちは生活をしてきました。そして、その里の人の多くの目とその力によって、この醍醐寺は外面的に守られてきました。

十年ほど前でございますが、文化財の標語を小学生から募集いたしました。そのときに当選したのが「千年の醍醐を見つめる五重の塔」という標語で小学校五年生のお嬢さんの作品でございました。私はこの言葉に非常に里の人たちの心を感じ、そして、里の人たちの心の流れというものでございましょうか、これを思わずにはいられませんでした。

一口で千年と申しましてもその歴史がございます。平安時代に京都は大きな変化がございました。都が移され、羅城門《らじょうもん》を中心として東寺と西寺が建立され、その周りに大覚寺や仁和寺などのお寺が建ち始めました。これらは官寺《かんじ》とでも言うのでございましょうか、どちらかというと公のお寺でございました。

その後に醍醐寺は、聖宝理源大師《しょうぼうりげんだいし》が、ご自分の祈りのベースを決めるお寺を建てたいという願望から建立されました。したがいまして、どちらかと言いますと聖宝理源大師のお心に沿った、祈りの気持ちに沿った私事的な要素を示して、この寺は建立されたのです。

まず小さな庵《いおり》が上醍醐に建立され、その記録は『醍醐寺縁起』という文書の中に書かれております。そのときの非常に霊性豊かな心のお話がございますが、それはまた、次の機会にお話ししたいと思います。

上醍醐に建立された醍醐寺は下へ下へと、山裾へ裾へと降りてまいりまして、法華三昧耶堂《ほっけさんまやどう》や五重大塔などが建立され、伽藍の形成がなされていったわけでございます。

この醍醐の一帯は小野と申しておりまして、醍醐天皇のお母様の出身地でもあり、時の帝、醍醐天皇は祈りの心をこの寺に運ばれました。お子様になかなか恵まれず、聖宝理源大師のもとで准胝観音菩薩《じゅんでいかんのんぼさつ》に祈りを込められ、その祈りのもとで穏子《おんじゅ》皇后との間に、後の朱雀天皇、村上天皇のお二人がお生まれになりました。そして、醍醐天皇の御信仰のもとに寺は大きく大きく伸びてまいりました。

移り変わる時の中で守られてきた祈り

　平安時代後期になりますと、白河上皇と源氏の庇護により寺は守られ、次の世代へと受け継がれてまいります。特に鎌倉時代には、多くの学僧がこの寺に集まり、密教図像《みっきょうずぞう》や密教絵画が生み出されました。そのほとんどはこの寺に現在伝承されております。また、どのくらいの学僧が集まりどのぐらいの人がこの醍醐寺で生活していたかということは伝承されている文書で明らかになっています。最近、醍醐寺の研究は非常に細やかになってきており、特に女性の研究者の進出が非常に大きく、これまでとは違った側面からの研究がなされています。例えば鎌倉時代に醍醐寺に納まる荘園からの年貢米の石高《こくだか》と、五百人ぐらいの僧侶が生活していたという記録は一致するということも解明されております。

　この鎌倉時代に果たした醍醐寺の社会的な役割は、居住した僧侶を含めて非常に大きなものがございます。

南北朝時代になりますと、一転して武将の力が非常に強くなります。この時代の貴重な日記が醍醐寺に残されております。この寺は応仁の乱で大変衰微《すいび》しておりました。五重塔を残して、あとは灰塵《かいじん》と化しておりましたが、秀吉によって寺は復興いたします。今のたたずまいからはとても想像のできないような栄枯盛衰《えいこせいすい》がございました。

秀吉が醍醐寺を復興したということ、力を注いだということは皆さまご存知でいらっしゃると思いますが、なぜ秀吉が醍醐へ来られたかということについてはほとんどの方がご存じないと思います。

この時代の醍醐寺の住職、座主《ざす》は、二条関白晴良《にじょうかんぱくはるよし》の御子息、義演《ぎえん》でございます。お若いころ醍醐寺で出家なされ、醍醐寺の座主になられていくわけでございますが、准三宮《じゅさんぐう》の称号を受けておりました。

秀吉は天正十三年（一五八五）、二条家から関白の称号をお受けになり、その明くる日、醍醐寺へ来られておられます。二条家は代々摂政関白《せっしょうかんぱく》を輩出する家柄であったこともあり、秀吉の二条家に対する思いが義演僧正のおられる醍醐寺の復興に力を注ぐことになったわけでございます。秀吉が偶然にこの醍醐寺へ来られて、お花がきれいだったからお花見をしたと、そのような軽いお話ではございません。二条家から受けたその心を醍醐寺に返されたわけでございます。

現在の醍醐寺のたたずまいは秀吉によって築かれましたが、その後の江戸時代では、当然徳川の庇護を受けることができませんでした。最初のころは北政所《きたのまんどころ》が大阪へ通い、家康の許可を得ながら醍醐寺の復興をなされていましたが、家康のもとでは秀吉のような大きな力はいただけませんでした。

江戸時代になると、高演《こうえん》という座主が、この寺にございますもう一つの祈りの流れ、修験道を中心として大峯山《おおみねさん》の信仰をもとに、入峰修行《にゅうぶ》いたしました。「霊異相承《れいいそうじょう》（目に見えない心の中での伝承）」の祈りを大切にする醍醐寺三宝院《だいごじさんぼういん》のもとで、二千人にも及ぶ山伏を動員し、大峯山への祈りをささげ、醍醐寺は守られてきました。

明治時代になり、神仏分離令をきっかけとして廃仏毀釈《はいぶつきしゃく》が興ります。このとき修験道の廃止令も出され、当時の醍醐寺門跡《だいごじもんぜき》の下院《かいん》の皆様は、一晩にして東京へお帰りになり無住《むじゅう》のような状態となってしまいました。その後、外国からの買い占めと申しましょうか、仏像・仏具等日本の文化財の買い入れをするため外国人が来て、さまざまな誘いがありましたけれども、座主はその誘いには一切耳を傾けずに、醍醐寺が管理しておりました末寺《まつじ》三千カ寺を今の奈良の長谷寺《はせでら》の系統と京都の智積院《ちしゃくいん》の関係へお渡しすることによって、二つの本山から一万五千円の資金をいただき、困難の時代を乗り切りました。

そのときの座主の判断は、管理が同じ法流《ほうりゅう》の寺へ移っても寺そのものは残り、それぞれの里の人は変わらず寺へお参りすることができる、そしてまた、その人たちは醍醐寺へ心を寄せてくださるということと、文化財や伝承物を海外に出してしまえば再びそれを目にすることも、手にすることもできないであろうという考えのもとでの大きな英断でございました。

この英断に対し、醍醐寺の多くの僧侶は末寺のお渡しが決まった後、座主を排斥《はいせき》し、その座主は現在も歴代座主として叙せられておりません。しかし私は、自身の処遇よりも醍醐寺とその末寺の未来とを残していくべきものを「守る」というこの座主の判断に思いを馳せるのです。特にこの醍醐寺の座主になってからは、なお一層その思いが強うございます。やはりその指導者と申しましょうか、中心となる人がぶれてしまったらいけないということ、これをひしひしと感じております。

その後、農地解放もあり千年の歴史の中で二つの大きな災いがございましたが、醍醐寺はこのとおり守られてまいりました。それは全て僧侶の祈りによって守り伝えられてきたのでございます。

聖宝理源大師のお心、目に見えないものへの呼びかけ、そのことによって自分の心のたたずまいを正していくこと、そして、実修実証《じっしゅうじっしょう》、これは、入りて学び、出でて行うという意味です。そういったことを私ども全員が肝に銘じております。例えば、醍醐寺にいらして、いろいろな文化財、また僧侶と接するときのお気持ちが実修でございましょう。実証というのは、その気持ちを持ってご自身を社会に明らかにしていくことでございます。これが聖宝理源大師の祈りの世界でございます。

想いと祈りを内包する五重塔

聖宝理源大師の祈りを一番明らかにされたのは、聖宝理源大師の次に醍醐寺の座主となり、弘法大師の信仰を生み出した観賢僧正《かんげんそうじょう》でございます。

観賢僧正は、弘法大師がお休みになられている高野山において、奥の院の御廟《ごびょう》の中に入っていきましたところ、弘法大師はお座りになっており、おひげが伸びていたのでそれを剃って差し上げ、御衣《おころも》が傷んでいたので新しい衣に着せ替えて差し上げた、ということです。そのことから「弘法大師は今もいらっしゃいます。その救いやお助けをいただきたいときには呼びかけなさい。そうすれば弘法大師はいつでも人々のそばへ来て手をかしてくださいます」という信仰と、仏や菩薩は現世で悩み苦しんでいる全ての人を救済し悟りへと導く「衆生済度《しゅじょうさいど》」という教え、そして「先立たれた命に対しては生きたままのようにお仕えする」という祈りを残されました。これは皆様方が先にお送りした命に対する思いに通じているものでございます。

また、空海上人に大師号を賜るよう朝廷に奏上し、弘法大師の諡号《しごう》をいただいたのも観賢僧正でございます。

醍醐寺は、「観音信仰」「薬師信仰」「五大力信仰」という醍醐天皇の祈りの世界をそのまま伝承して守り、祈り続けております。

五重塔と桜

観音様の信仰は一心称名《いっしんしょうみょう》、これは心から観音様に呼びかけなさいということです。観世音菩薩《かんぜおんぼさつ》の観音経《かんのんぎょう》に説かれているその教えの中からくみ取れることは、人間は生きていく中で多くの命をいただいている、多くの人の心をいただいている。このいただいた命、いただいた心をいただきっ放しではいけない、お返ししなければいけない、ということを伝承しております。

薬師如来の信仰は、人間はどうして病気になったり年をとったり、やがて死んでいくのだろうか。その苦しみに対する癒しと同時に、なぜ小さな命が死ななければならないのか、そのような思いに対する祈りです。

五大力信仰は、不動明王を中心とした四つの明王(大威徳明王《だいいとくみょうおう》、軍荼利明王《ぐんだりみょうおう》、降三世明王《ごうざんぜみょうおう》、金剛《こんごう》夜叉明王《やしゃみょうおう》)、五大明王の信仰です。これは、いつも思うだけではだめですよ。一歩踏み出す力強い心を持ちましょう、という祈りの世界でございます。現在、五大力《ごだいりき》さんとお呼びするような信仰になっております。

これらの信仰、祈りを如実に具現された方が穏子《おんじゅ》皇后でございます。醍醐天皇の御崩御の後、後の天皇様になるお二人のお子様にご相談なされ、醍醐天皇のそのお気持ち、祈りの世界とお二人のお子様が受けられたその気持ち、心をお返しする場所として五重塔建立《ごじゅうのとうこんりゅう》ということに進まれました。そういった理由から醍醐寺の五重塔は、普通のお舎利《しゃり》をお祀りする五重塔ではなく金剛界《こんごうかい》、胎蔵界《たいぞうかい》の両曼荼羅《りょうまんだら》の世界を荘厳《しょうごん》(美しく厳かに飾ること)しております。

醍醐寺の祈り

祈りの世界をそれぞれ一人一人が実践し、実行されていくよう祈り続けておるのが醍醐寺でございます。その一つには密教の祈りの世界がございます。密教というと秘密の教えのようにお考えでございましょう。しかし私は師から「密教を秘密の教えと解釈してはいけない。密教の密という字は、物事を綿密に明かしていく密である。」と言われました。そのような思いで祈りの世界、また、それぞれ説かれている教えを見ていきますと、本当に綿密に私たちにわかりやすく教えてくださっております。

そのもとになっている教えの一つに「五大《ごだい》」というものがございます。「地《ち》、水《すい》、火《か》、風《ふう》、空《くう》」

の五つで「地」は大地や地球、「水」は流れるものや形をなさないもの、「火」は力強さや情熱、「空」は成長や拡大、そして「大」は「周りに遍《あまね》し」、つまり周りに余すところなく行き渡っていることを指しています。

これをしっかりと自分で会得しなさい、自分の身にしっかりとつけなさい、そのことによって、自分自身というものが成り立ち、安心した生活が得られますという教えでございます。さらに、五大の上に六大を築くということで、精神的要素である識《しき》を加えたものがこの世の真実と成り立ちを教えている世界観でございます。

醍醐寺には、信仰による祈りと修験道の祈りがあることは先ほど申し上げました。

修験道の祈りでは、五大がわからなければ、自分の体でそれを受けとめなさいということで、入峰修行《にゅうぶしゅぎょう》によって、よりわかりやすく五大を教えます。大地にしがみつき、よじ登りながら大地を肌で感じ、水の中に入って水と一体になる。水で清めるのではなく水と一体になって水をわかる。火生三昧《かしょうざんまい》で、火の中に入り火をよく会得しなさい、体で感じなさい。また、山で吹いてくる風の音、風の恵みを感じなさい。そして、大空に広がる大きな世界をしっかりと見詰めましょう。とこのようにやさしく、手をとりながら教えてくださっております。

また、供養塔やお墓などで使われている五輪塔《ごりんとう》も下から四角、球、三角、半球、宝珠で、地・水・火・風・空を表しており、全ての石の造形は、この五輪塔がもとになってできております。

そのような物事を綿密に解き明かすその教えは、目に見えないものとの語らいの中から、自分の心のたたずまいを正していきます。このことから、祈りは必ず師の口から聞き取り受け継がなければなりません(口伝《くでん》)。これが一つの掟でございます。正しく師から受け継いでいるか、いないかということを試すかのように、『玄秘抄《げんぴしょう》』には、文字、日数、読み方など一つ一つ口から聞かなければわからないことが秘められております。例えば「ロイ」と書いてあるのは口伝のことでございます。口と伝えるという漢字のにんべんで記しており、そこには口伝があるという意味で、必ず師のことを聞かなければだめですよということです。

さらに読み方も違います。例えば、清瀧権現《せいりゅうごんげん》を祈りのときは「せいりょうごんげん」とお読みし、ふだんお話をするときは「せいりゅうごんげん」とお読みします。前を「まえ」や「みまえ」、心を「こころ」や

三宝院庭園

「しん」、「むね」とも読みます。その言葉を発するときに仏様であったり、自分であったりと主人公が違うことによって読み方が違ってくるわけでございます。

道場の荘厳《しょうごん》、大壇《だいだん》は、丸と三角と四角の集合体で左右が対象でございます。五本の指で、地、水、火、風、空の五大、すなわち宇宙を感ずるわけでございます。そして、手で印を結びますが、この印は仏様と同じ印でございます。また、合掌も普通の合掌以外に左右の指と指が組み合うように掌を合わせる金剛合掌《こんごうがっしょう》など、いろいろな合掌がございます。印を結び(身《しん》)、口で真言を唱え(口《く》)、仏を観想することで(意)心に仏様の命を感ずるわけでございます。

端的に申し上げますが、仏教の中には如来《にょらい》、菩薩《ぼさつ》、明王《みょうおう》の三つがございます。仏様というのは仏、如来というのは仏本来の教え、菩薩は解説者でございます。明王は解説を聞いてわからなければ、とにかく私の後へついていらっしゃいとみんなと一緒に歩んでくださいます。その明王に呼びかけるお経の中に声明《しょうみょう》というものがございます。

声明とは祈りの歌声でございます。この声明は醍醐寺の文書の中にたくさんございまして、声明をやるのにはまず、醍醐の声明を習わなければいけないということが一つの口伝として伝わっております。その中の上醍醐にございます声明の一つで、今は修験道の声明になっておりますが、非常に興味深いものがございます。

この声明、祈りの声には音階がございますが、ドレミのような統一的な音階ではありません。

標準音と幾つかの音階のほか細かいいろいろな話法がございますが、自分自身の持っている音で唱えます。音階には呂《ろ》の音と律《りつ》の音があり、この二つの音階を合わせて「呂律《ろりつ》」と言われています。この呂律の音階は煩雑で、音階が合わなかったりどちらの音階かしっかりと区別できなかったりしました。言葉がはっきりしない、区別がつかないという意味の呂律《ろれつ》が回らないという言葉の語源はこの「呂律《ろりつ》」にございます。

命の生命体の中にある祈りを伝承する

醍醐寺はずっと千年変わらない祈りの実践「実修実証」と、醍醐天皇の祈りの世界「観音信仰」「薬師信仰」「五大力信仰」を持っております。人の安心《あんじん》を得るための祈り、命に対する祈り、これが一つの基本になっておりまして、それは大勢の方に向けてお話しするのではなく一対一、一人一人にお話をし、一人一人に祈りをささげていく。心から心への伝承ということを心がけ、その伝承に努めているわけでございます。

この醍醐寺には、古文書をはじめとする紙の文化の伝承、建造物はもちろん仏像や工芸品などの木の文化の伝承、山伏のほら貝を含む声明を中心とした音の文化の伝承がございます。

私たちは祈りをもって、仏法の伝承に全力を注いでおります。長い歴史の中、多くの祈りによって守られてきた伝承物は、文化財という新しい表現で皆様の眼や耳に入るわけでございます。現在、醍醐寺の国指定文化財は六万三千点（＊1）余りございます。この文化財を二百万坪の境内地と同時に守り、後世に伝えていかなければいけない大きな使命がございます。生かされてこそ文化財。したがいまして、文化財を公開し皆様に拝観していただき、でき得ることなら同じたたずまいの中で静かに手を合わせていただきたいということが一つの願いでございます。仏たちに囲まれるその中にご自分の身を置きながら、思い思いの語らいをしていただければよいのではないかなと、そのように思っております。

弁天堂

醍醐寺は生き生きとした命の生命体であるというふうにご理解ください。そして、その中にある祈りは、一人一人の命の平安に対する祈りでございます。

命とは自分に与えられた時間であり自分で使える時間である、このように理解しております。また、命には見える命と見えない命があります。見えない命は、私たちと同じように同じ時を積み重ねてくださったその大きな結果、即ち「徳」と受けとめております。その徳に守られて、現在自分があるということに自信を持って、伝承物一つ一つに祈りを込め、そして守り続けております。どうぞ醍醐寺の木の文化の伝承、紙の文化の伝承、そして音の文化の伝承をそのような意味でお受け取りいただきとうございます。

【注釈】

＊１　六万三千点／平成二十四年（二〇一二）の講演当時の国指定文化財の数。その後追加指定もあり、令和二年九月三〇日時点で七万五九六七点となる。

醍醐寺座主　仲田順和

総本山醍醐寺座主。真言宗醍醐派管長。大本山三宝院門跡。真言宗長者。学校法人「森村学園」評議委員議長。洛和会ヘルスケアシステム理事。公益財団法人美術院評議委員。

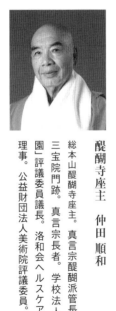

唐門

第五回　二条城

世界遺産二条城を守る。伝える。

京都市長　門川大作

文化財を守る

京都には十七の世界遺産があり、そのほとんどが社寺です。唯一ここ二条城のみがお城で登録されました。また、日本の国宝の十九パーセント、重要文化財の十四パーセントが京都市内にあります。それ以外にも伝統文化、伝統産業など一度なくなったら取り返しのつかないものがたくさんあります。

この京都の人たちが大事にしてきた暮らしの美学、生き方の哲学のようなものをもう一度再認識し、しっかりと次の世代に伝え、世界に発信していく、同時に私たちの暮らし方も文化財にマッチしたものにしていこうという考えに基づいてさまざまな取り組みを始めています。

文化財を守り伝える中で大事なことの一つに防災があります。例えば、清水寺、産寧坂《さんねいざか》一帯は、道も細く木造住宅が多いため、地震などで火災が起こったら大変です。そこで、学校にある二十五メートルプール五基分の耐震型防火水槽を地下に二カ所作り、配水管を整備して、火災が起きたときに消防車が使える消火栓や地域住民が利用できる手押しポンプなどを設けてあります。この防火水槽は付近一帯では一番高いところにあるので、送水は重力に任せる自然流下となっていま す。これが非常時に一番信用できるんですね。加えて、八坂の塔は、いざというときにこのシステムを利用して噴水のように、下から上に向かって水のカーテンで包んで建物を守れるようにしています。

二条城について

二条城は、慶長八年（一六〇三）に家康によって京都御所の守護と上洛時の宿所として造られます。家康は伏見城で征夷大将軍の宣旨を受けた後、御所へ拝賀の礼に赴くため、一旦二条城に入って準備します。こうして江戸時代が始まります。約二百六十年後の慶応三年（一八六七）に大政奉還が行われて江戸時代が終わり、近代国家になっていくわけですが、その大政奉還の是非を諸藩重臣と論じたのも二条城でした。このように二条城は、江戸時代の始まりと終わりに深く関わっていたのです。

そんな二条城の特徴で私は好きなことが三つあります。

一つ目はお城やけれども戦を前提にしていないところです。二条城は平和の城なんです。お城の入り口の東大手門は大きいでしょう。普通、お城というものは戦にも備えているので、入り口の門は小さいんですわ。あんな広うしていたら危のうてかなわへんのです。したがってこのお城は戦争、戦を前提にしていないということがわかります。先ほども言いましたが、江戸時代はこのお城で始まりこのお城で終わったけれども、その間大きな戦争がなかった。さらに、大政奉還で平和革命です。一つの国で三百年近く大きな戦がなかった、平和が続いたというのは世界史の中でも希有なんですね。世界中では、近代化するときにものすごい戦争が起きたりするものです。日本でも蛤御門《はまぐりごもん》の変などいろいろなことがありましたけれども、基本的に国土全体が戦場となるような戦争をせずに日本の国は近代化しました。このことからも二条城は平和を象徴する、平和のお城であるということが言えると思います。

二つ目は、天皇との関係です。天皇陛下が行幸《ぎょうこう》されたお城だということです。後水尾天皇《ごみずのおてんのう》が寛永三年(一六二六)、家光のときにこのお城に来られているほか、時を経て大正天皇の即位、ご大礼の際、このお城の清流園の横の広い芝生で、即位の行事の一つである饗宴が行われています。

このように天皇家とゆかりのあるお城でもあります。

三つ目は、江戸時代のあらゆる文化・芸術などを象徴しているところです。文化財としては、障壁画などが三千六百ぐらいあり、とてもすばらしい。

そして明治半ば以後、宮内庁の所轄となっていた二条城を昭和十四年（一九三九）十月に京都市が譲り受け、明くる年の二月から市民の皆さんに公開するようになりました。したがって市民みんなの財産であると同時に世界の財産である、これが二条城かなと思っております。

二条城は、春先に梅が咲きまして、三月の末から四月の中下旬まで、五十何種類もの桜が楽しめます。秋はイチョウや紅葉がきれいです。このようにいつ来ても何遍来ても魅力が発見できる、皆さんのパートナーみたいな感じだと私は思っています。

実は、東大手門を五分ほど東に行きますと、私の生まれた家があります。二条城の外周はジョギングをするのにちょうど良い距離なので学生のころはよく走っていたのですが、中に上がらせてもろうて見せてもらったのは大きなってからです。不思議なもので京都の人は、修学旅行や遠足で二条城に行かへんでしょう。よそへ行くんですわ。ですから「二条城、ほんまにすばらしいな、これがうぐいす張りか」と知ったのは、もう大人になってからでした。このように私を含めて京都で生まれ育っている人間が、意外と二条城も金閣寺も銀閣寺も知らないということが多いんですね。そこで、みんなが価値を知っておくということが大事だと思い、市民ぐるみで京都から日本の文化・伝統を次世代の子どもたちにしっかりと伝えることを目的とした「歴史都市・京都から学ぶジュニア京都検定」（通称ジュニア京都検定）を創設しました。

文化を維持し伝えていくために

先ほど、私が好きな二条城の特徴を申しましたが、三つ目の江戸時代のあらゆる文化・芸術などを象徴しているということについて、もう少し詳しくお話ししたいと思います。

二条城には絵画として重要文化財である狩野派などの障壁画が千十六面あります。そのほかにも杉戸絵《すぎとえ》や天井画が二千六百面ありますが、これらの大部分は絵画として重要文化財指定をされていません。それはなぜなのか聞いたところ、文化庁の概念では、障壁画は絵画として独立したもので、杉戸絵の多くや天井画は建物の一部であると考えられているからだそうです。したがって、国宝である二の丸御殿にある杉戸絵や天井画はすなわち国宝ということになります。ですから二条城にある杉戸絵、天井画、ふすま絵は全て重要文化財か国宝ということなんです。

大広間一の間・二の間

ずっと大きな戦争もなく来たからこそではありますが、三千六百もの障壁画が残っているところはなかなかないのではないかと思います。

さて、このようなすばらしい文化財を維持管理していくには、大きく二つの苦労があります。一つは人を育てることで、もう一つは景観を守るということです。

人を育てるとはどういうことかと言うと、ヨーロッパの石の文化とは違い、日本は木と紙と土の文化です。つまり必ず朽ちていくものです。だから私は、日本の有形の文化財はある意味で無形や思うんです。もちろん二条城も同じです。何もしなければいつまでも保たせることはできません。朽ちていくものであるから補修をする必要があります。補修するときに大切になるのは「同じである」ということ。同じ材料を同じ道具と同じ技術で補修する。のみを使っている部分はのみを使って行う、これを機械でやったらあかんのです。この「同じ」にするというのは目に見えるものだけではありません。何が尊いか、何が大切か、何が美しいか、こういった考え方・感じ方も「同じ」でなければ補修再現にはなりません。考え方・感じ方を維持し、同じ材料・道具・技術で再現する、これを守っていくこともまた文化遺産であると強く思います。

この考え方をもとに京都市は、昭和四十七年（一九七二）からふすま絵の模写を進めています。四十年以上かけて、二の丸御殿の障壁画千十六面のうちの三分の二が済みました。全て模写するにはあと二十数年かかる予定です。模写が済んだらはめ替え、ほんまものは修復してから展示収蔵館で一部公開しながら大切に保管しています。この修復事業は令和二十年（二〇三八）まで継続していく予定です。

それには、この模写をする芸術家を「育てる」ということが重要になるので、市立芸大に、専門家を育てるコースを設けています。二条城だけやなしに京都だけでもお寺や神社は二千を超えてありますし、日本中のお寺、神社、またそれ以外にも普通の民家でも貴重な文化財が残っています。その職人さん、芸術家を育て続けなければ、ふすま絵はいつか朽ちていく、こういうことなんですね。建物に関しても檜皮葺《ひわだぶき》というのがありますね。ヒノキの皮をふき替えなあかん。そのための材料もずっと維持していかなければなりません。このように担い手を育てる、材料を守る、そして周りを取り囲む市民の気持ちもずっと維持していくということは、今を生きる人間の仕事やないかな、責任やないかなと、このように思うんです。

景観を守るために行ったのは、法的な根拠が必要だということで、国に要請したことです。それによって景観法という法律が平成十六年（二〇〇四）にできました。そして京都では「高さ規制」「デザインや色の規制」「眺望景観・借景の保全」「屋外広告物、看板の規制」「歴史的街並みの保全と再生」と新しい景観政策が制定されたのです。

二の丸御殿車寄

例えば、この二条城が世界遺産になるときに、周辺の建物の屋根は、傾斜のない平面状の陸屋根《ろくやね》ではなく昔ながらの斜めの屋根に、高さも十五メートルに規制しました。以前は三十一メートル規制だったので、その当時建てた建物も建てかえはるときには十五メートルにしなければなりません。これが「高さ規制」です。大変な規制ではありますが、そのことによって、二条城から見える景色はいずれ四百年前と一緒の景色になるのではないでしょうか。以前、普段は非公開となっている清流園に入る機会があったんですが、庭園を見渡したとき、ビルが一つも見えずに緑の向こうにきれいな空が広がっていて「これが本当に人口百五十万人の大きなまちの真ん中なのか」と、非常に驚いたものです。

ほかにも、たくさんあった看板等も赤い看板を認めないほか、屋上看板や電飾の看板の撤去など、新しい景観政策は世界遺産の周りだけでなく京都市全体で取り組みました。京都独自の雰囲気を保ちましょう、京都の価値を大事にしましょう、ということです。そして、三万の建物から撤去・是正いただきました。

私は世界遺産制度というのはいい制度やなと思うんです。今まで日本の文化財の保護行政は、この仏像は国宝や、この建物は国宝や重要文化財やと、点で保全していたんですね。しかし世界遺産は面で保存しなくてはならないという考え方なんです。景観を守ることで、訪れた人たちに日本に京都があってよかったと感動していただけると思うのです。その美しさをみんなが努力してさらに磨きをかけようと進めてきました。

それと、忘れてならないのが、京都は百五十万人の市民がいきいきと生活できて、若い人に働く場があり、年間五千万人を超える人が訪れているということです。京都が京都独自の雰囲気を保つことで市民の皆さんもここが自分の生まれ育ったまちだとより誇りになるんじゃないかと思います。そういうことがあるから、お茶やお花といった伝統文化もお寺も神社も継承されるのではないかと思います。ただ、市民の経済活動を維持しながら守るべきことを守るということの両立が非常に難しくもあります。

文化財をいかすサイクル

私は京都は世界の宝だと思っています。日本中の人が、京都に来たら落ちつく、いいまちですねとおっしゃいます。でも、同時に町家がどんどん潰れていきますねとも言われます。これは、建築基準法に基づく制限があるからです。町家は防火地域では建てられへんし、昭和二十五年(一九五〇)十一月二十三日に新しい建築基準法ができてそれ以後、伝統的な建築の建て方はなかなか認められなくなりました。

このようにこの二条城だけが宝やないんです。無くしてしまったらどうしようもなくなる。二度とできないものを大事にしていきたいということで、平成二十四年(二〇一二)、市民の皆さんが京都の財産として残したいと思う建物や庭園を公募しリスト化する制度(京都を彩る建物や庭園制度）も作りました。

二条城は平成二十三年（二〇一一）から本格的な修理が行われています。何と慶長八年（一六〇三）徳川家康の築城以来四百年ぶりの大修理で、もちろん防火対策もしております。新しい試みとしては「一口城主」ということを行っています。こちらは一口寄付していただいた方が文字どおり「城主」として大広間の将軍さんがお座りになったところに座ることができます。さらに「城主」はいつ何どきもフリーパスで入城することができる入城許可証というカードも発行しています。

また、ほかの取り組みとして二条城ウェディングも始めました。四百年続いた平和の城ですから四百年は離婚しないのではないか（笑）と思っています。ほかにも国際会議などにもっと使っていこうという考えもあります。

文化財などは凍結的に保存しようというシステムが多いんです。しかし東寺の長者さんは、「東寺を建てはったのは大工さんで、その資金となったのはみんなの年貢です。だから東寺はみんなのお寺です、どんどんお使いやす」とおっしゃいました。もちろん、傷つけたらあかん、きっちりと守らなあかん。しかし、二条城も含めてそういう生きているお寺や神社に人が集まってそれをいかすというサイクルが大切なのではないでしょうか。

人が集まる、いわゆる社会とはみなさんご存知のとおり「社に会う」と書きます。明治維新までは神仏習合で、お寺や神社に集まって豊作を祈り、また豊作に感謝し、お年寄りの知恵をいかしてしっかりと子供が育つ、このようにして地域社会を作っていました。地域社会のシンボルであり、同時にコミュニケーションの場であり、まちづくりの拠点やったお寺や神社をもっともっと活用して、開かれたものにして保存もしていく。同時に、この二条城もどんどんいかしていく。そのことによって、この二条城をみんなで守っていこうという想いや、私は障壁画を描くための画家になりたい、大工さんになりたい、壁塗り職人になりたい、そのように考える人が育っていく。凍結的な保存の仕方をしたら、そういう想いのサイクルが回らず、結局朽ちていく。そうならないためにも先ほど言ったように結婚式や国際会議、音楽会など二条城を生きたお城にしていくための試みを行っていきたいと思っています。

遺していきたい想い

京都にはまだまだすばらしい社寺や文化財があります。日本は平成四年(一九九二)に世界遺産条約を批准しました。最初にも言ったように、ヨーロッパは石の文化です。文化財がいつまでも残るという概念に対して、紙と木と土でできている文化の概念を理解してもらう、これは非常に大事なことでした。

世界遺産には自然遺産と文化遺産と複合遺産があり、文化遺産には産業遺産も含まれています。みなさんご存知の石見銀山は日本で初めて産業遺産として世界遺産に登録されましたが、明治維新の後、日本人だけで作られた琵琶湖疏水《びわこそすい》はそれに匹敵する価値だと私は思っています。したがって近代産業遺産として世界文化遺産への登録を目指しており、界隈の南禅寺参道にある小川治兵衛の庭園群なども含めて、世界遺産を拡張しようという取り組みを始めています。

世界遺産は有形のものが対象ですが、ユネスコには無形文化遺産の制度もあります。登録されたものとしては祇園祭の山鉾行事が有名ですね。日本食も登録されていますね。和食という「食文化」のすばらしさが評価されたのだと思います。

料理という字は、「理《ことわり》を料《はか》る」と書きます。ことわりとは、物事のあるべき姿、それを求めて最もいい状態にするということです。考えてみるとすごい言葉だと思いませんか。食材、季節、器やそれを並べるテーブル、床の間や坪庭のしつらえ、さらには、料理を運ぶ際の着物に至るまで、全部含めて「理を料る」ということです。だから、料理というのは、胃袋を満たすものだけやなしに、心を満たすものでもある、こういう文化を大事にしていくことが私たちの仕事やないかなと思うのです。

ユネスコ登録ではありませんが、国指定の重要無形民俗文化財である六斎念仏（＊1）のほか、地蔵盆（＊2）、五花街《ごかがい》の舞いや踊り（＊3）といった伝統行事や芸能、そして、冒頭にも申しましたように京都人、日本人が大事にしてきた生き方や暮らし、京町家など一度失われたら再興することができないものも京都の財産だと思います。

「二条城を守る。伝える。」というテーマでお話しさせていただきましたが、それは周辺環境や人材育成、暮らしや食といろいろなところに波及し全てつながっています。

何よりも大事なのは、市民の皆さんがこの二条城も含めてすばらしい京都に伝わる日本の文化、あるいは日本人の生き方、そういうものを大事にしながらしっかりと次の世代につなぎ世界へ発信していくということではないでしょうか。そのために私も努力したいと思っています。

江戸時代の識字率

平和な時代と言われる江戸時代、庶民の文化も発展しました。例えば、藩校という学校があり、藩札《はんさつ》という各藩独自のお金があり、さまざまな特産品があるほか、明治維新のころの京都の多くの庶民は字が読めたと言われています（※地域間格差および諸説あり。明治維新当時男児の四十三パーセント、女児の十パーセント。社会学者ドーア・ロナルド調べ）。同時期のヨーロッパだと十パーセント未満や二十パーセント程度だったので、外国の人が日本に来て、おふれ書きや瓦版を庶民が読んでいるのを見てびっくりしたということです。地方分権と言って、それぞれの地域のことをそこに暮らす住民が考えて行動していこうという流れがありますが、江戸時代はまさにそれを行っていたと言えます。そしてこれも平和な時代でそれぞれの地域が元気であった江戸時代の象徴だったのではないでしょうか。

【注釈】

＊1 六斎念仏／平安時代に空也上人によって始められ、民衆に仏教を広めるため、特に身を慎み、斎戒を守って不浄から遠ざかる六斎日（毎月八、十四、十五、二十三、二十九、三〇日）に行ったのが起こりとされている。京都の六斎念仏には、「念仏六斎」と呼ばれる念仏中心の六斎念仏と、「芸能六斎」と呼ばれる芸能中心の六斎念仏がある。

＊2 地蔵盆／特に京都にしっかりと残る伝統行事で、盆の八月に、地蔵菩薩の縁日（二十四日）とその前日を中心に行われる。お地蔵さんを祠からお出しし、お化粧や飾りを施して祭壇に祀るところが多い。また、お地蔵さんの像を安置した祭壇にはさまざまなお供えをして、当日は、数珠まわしやお菓子配りなどが行われる。

＊3 五花街の舞いや踊り／祇園甲部（京舞井上流）「都をどり」・宮川町（若柳流）「京おどり」・先斗町（尾上流）「鴨川をどり」・上七軒（花柳流）「北野をどり」・祇園東（藤間流）「祇園をどり」

京都市長　門川 大作

一九五〇年京都市中京区生まれ。二条城にもほど近い伝統産業のまちで育つ。京都市教育長を経て、二〇〇八年二月より第二十六代京都市長に就任。二〇二〇年二月、四選を果たす。現在、世界歴史都市連盟会長、指定都市市長会副会長等を務める。

楼門

第六回　賀茂御祖神社

賀茂御祖神社　式年遷宮

賀茂御祖神社宮司　新木　直人

講座開催にあたって

糺《ただす》の森は今がもみじの時期でございまして、十月の初めから正月にかけて森全体が赤くなっていく様は糺の森の四季のうちでも見栄えのあるひとときでございます。平安時代の女流歌人、赤染衛門《あかぞめえもん》も、都の有名どころのもみじが終わってから糺の森の紅葉が始まるという歌を遺しています。

十月に賀茂にもうでたりしに、ほかの紅葉はみな散りたるに、

なかのみやしろのが　まだ散らでありしに

注連のうちの風だに寄らぬ紅葉かな　神の心は畏かりけり（赤染衛門集一・一五七）

さて、京都で由緒のあるお寺さんや神社が洛外にあるというのは、平安京の中に神社やお寺をつくることができなかったという背景があります。そのような中で下鴨神社と御所が近く、鴨川を越えれば洛中へとつながる位置にあり、下鴨神社が皇室の氏神さまとして信仰を受ける、特別な神社であったからです。今でこそ、たくさんの方にお参りいただく神社ですが、最近までは国家の制度として市民の皆さんに直接信仰が及びにくい神社でありました。

表題を「賀茂御祖神社 式年遷宮」としたのは、応保元年（一一六一）の遷宮のころは、大災害が多く政情不安となり、社会的混乱のうえ、幕府から造営費の援助は乏しく、初めて商人から借り入れをしたり募金を始めたりと、官営神社の賀茂御祖神社にとっては公の祈りから個の祈りへと精神的変革のときであったので、採り上げるこ

糺の森

とにしました。

直会殿

賀茂御祖神社式年遷宮についてお話しする前に、まず、いま皆さんがいらっしゃる直会殿《なおらいでん》についてお話ししたいと思います。

「直会《なおらい》」とは神事の後、お神酒や神饌《しんせん》(＊1)を食する行事のことで、直会をするところを直会殿と言います。

天皇さまがおかわりになりますと、大嘗祭《だいじょうさい》という御代《みよ》がわりの儀式が一年がかりで行われます。そのとき神様をもてなす神殿は「大嘗宮《だいじょうきゅう》」と言いまして、新しく造営され、全ての儀式が終わると取り払われます。かつては大嘗宮の響応殿《きょうおうでん》が下賜《かし》され、直会殿としてこちらに移築されてきました。ところがお国の行事と言いましても、建物はその場限りなものですから、老朽化に伴いやむを得ず昭和十二年(一九三七)の遷宮後に撤去しました。

しかし、式年遷宮の際には必ずこの御殿が必要ですから、困っていたところ、昭和四十八年(一九七三)の式年遷宮が伊勢神宮の式年遷宮と同じ年でした。お伊勢さんは二十年、下鴨神社は二十一年に一度式年遷宮が行われます。これは「満」で数えるか「かぞえ」で数えるかの違いで、一年ずつずれていきます。四百二十年に一度同じ年になります。それが昭和四十八年(一九七三)でした。

そこで、お伊勢さんの撤去された建物をいただいて、それを直しましてここへ据えつけました。また、直会殿を建てるときに発掘調査をしましたところ、弥生時代の御稲御倉《みしねのみくら》に相当すると思われる跡が出てきたのです。その跡を傷めないように一メートルほどかさ上げしたものですから、この直会殿はごらんのとおりほかの建物より高いところに建っております。

弥生時代、神社はもちろん神さまのお入りになる御殿はなく、山や谷、川や大きな岩など、自然のものに神さまがお宿りになると言われていた時代でした。現在のように社殿、神殿がなかった時代は、稲そのものを神さまの依代《よりしろ》とされていました。稲は一年間保管して、明くる年、籾《もみ》を撒かねばなりません。その籾を保管しておくところが御稲御倉という神殿でございます。お伊勢さんにもあるそのような謂《いわ》れのある跡でしたので、かなり気を使って直会殿を建てました。

この直会殿は、ごらんのとおり真新しいように見えますが先ほど申し上げたとおり、昭和四十八年（一九七三）の伊勢神宮の式年遷宮後に撤去されたのを神宮から頂きました。柱の釘隠《くぎかく》しや建具など本来はないものを施したり天井を張り替えたりしましたが、ほとんどの用材はそのまま無駄にせずに再利用しております。

直会殿

ところで、お伊勢さんの式年遷宮では、社殿の真横に全く同じ社殿を新たに建てられます。下鴨神社の場合は本殿の三分の一の規模の仮殿《かりでん》を本殿の後ろに建てます。それが下鴨神社式年遷宮の千年来のしきたりでした。

ところが、明治三十四年(一九〇一)本殿二棟など含めた二十三棟が古社寺保存法に基づく特別保護建造物(文化財保護法下の「重要文化財」に相当)に指定され、その後に、古社寺保存法は戦後の昭和二十五年(一九五〇)文化財保護法に変わり、昭和二十八年(一九五三)下鴨神社の本殿二棟が国宝に指定されました。したがって、これまでの式年遷宮のように、御神体を除く全ての建物を新しくする宮遷しとは様相を変えなければならなくなりました。現在の式年遷宮は、二十一年ごとに傷んだところを修復するため宮遷しをするという方法で執り行われています。

江戸時代の文久三年(一八六四)第二十八回式年遷宮で建てた本殿が、現在皆さんに拝んでいただく神殿となっています。

神社とお寺さんは違いますね。まず、お寺さんでは、皆さん仏さまの顔を見ながら拝まれると思います。神社は賽銭箱が置いてあるから、ここが正面でその奥に神さまがおいでになるから、ここから拝めばええんだなと気がつかれましょうけれども、今の若い方々はお寺さんも神社も区別がついていません。どこを向いて拝むんやらわからんと私らによく尋ねられます。確かに賽銭箱はあっても、その奥は家があるだけで、果たして自分の願いを聞いてくれてはるのかどうかもわからんし、その家に向いて拝んでええのやら悪いのやらわからん。若い人たちの素直な心はそう捉えているということなんだろうと思います。賽銭箱の奥の家が神さまか、と言うとそうではないですね。神さまはその中の依代《よりしろ》に鎮まってはるわけです。

そういう拝み方の歴史も、神さまと仏さまの感じ方も違いますから、当然社殿の形式も違ってくるわけでございます。

式年遷宮の起点

遷宮はいつごろから行われているのか『鴨社造営記』を見ますと、最初の記録は、崇神天皇《すじんてんのう》七年（紀元前九〇）「瑞籬《みずがき》を造賜《つくりたもう》」と記されています。これは、神社の瑞籬を造替したという記述で、瑞籬とは清浄地を示す玉垣のことです。古代は石などを神殿の周りに敷いて、それを新しく取り替えています。このように、古代の神殿は石などが全部敷き詰めてありました。そして敷き詰めた石は磐座《いわくら》と言って、そこへ神さまをお呼びして祭りをしました。そのことから磐座というのは必ずしも大きな木や岩、あるいは山ではなく、こういう磐座もあったということがわかります。

御蔭山で行われる御蔭祭（御生神事《みあれしんじ》）のときは、糺の森が神さまの住まわれる磐座となり、表参道の中ほどに祭場となる切芝《きりしば》がつくられ、森の磐座でお祭りをする古代祭祀を行います。

また、『鴨社造営記』の白雉《はくち》四年（六五三）に賀茂の大神の社、今日的な読み方をすると賀茂大神宮と書かれていることから、奈良時代以前の飛鳥のころ、下鴨神社は賀茂の大神の社と呼ばれていたことがわかります。

ほかにも、今建っている御殿は檜皮葺ですが、天武天皇六年（六七七）二月四日、茅葺から檜皮葺に変えたと記されていて、このことから、古代の磐座から茅葺の社殿が建ち、西暦六五〇年代になると檜皮葺に替えたことがわかります。

遷宮とは人々の祈りでもある

ここで、天保六年（一八三五）、第二十七回の遷宮の話をいたしたいと存じます。

文政十三年（一八三〇）七月二日に京都大地震とも、文政京都地震とも言われる大地震がありました。この大地震で比叡山の西の麓が山崩れになり高野川がせきとめられたり、洛中の民家のほとんどと洛外のお寺や神社が倒れたり大きな被害を受けました。「あの地震からもう二百年近くなるから、そろそろ京都も大きな地震あるんやないか」と、地震学者がおっしゃるのはこの地震のことです。

この山崩れが起きたのは、東山三十六峰の二番目である御蔭山《みかげやま》、あるいは御生山《みあれやま》と言いまして、この地に御蔭神社のお社が祀られておりました。しかし山崩れで埋まってしまったことから、天保六年（一八三五）、第二十七回遷宮のときにお社を新しく建て替えられました。この御蔭山で、葵祭の二日前の午《うま》の日に御生神事が行われることから、山の名前をとって御蔭祭と呼ばれています。なぜそんな遠いところでお祭りがあるのかと皆さん思われるかもしれませんが、昔は御蔭山までが下鴨神社の境内やったからです。

天保という年代は、非常に天候が悪く、凶作、不作が続いたうえ、年貢も高騰し、何もかも世の中行き詰まっていた年代です。

南口鳥居

そして幕府の天保の改革もありました。とにかく贅沢をしないように、質素であるようにということで、天保小判という楕円形の小判もそのときにできたと言われています。材質を落として経費をかけない、それで一旦流通してあるお金を全部無効にして、幕府がぎゅっと引き締めるという、非常に大胆な改革をいたします。

そのような中で人々の不満がつのり、さらには疫病が蔓延するという状況になり、各地に一揆が起こります。幕府は一揆をおさめる方法として一揆を起こした住民側と約束の証書、契約書を交換しますがそれをすぐ反故にしてしまったり、一揆を主導した人たちを牢獄へつないで獄死させたりと、そういう悲惨な時代背景がありました。

そこで、賀茂伝奏《かもてんそう》(＊2)が、こういう時代やからこそ遷宮をきちんと行い荒ぶる神々を鎮め人々が平穏な生活を迎えられるようにせなあかんということを幕府に申し、幕府は銀二千八百一貫という大金を、神社は三千七貫百八十匁八分、両方合わせて今のお金に換算すると五十億円くらいかけて、天保六年(一八三五)三月十一日に第二十七回目の遷宮が行われたのです。

先ほど、御蔭山は下鴨神社の境内だったと申しました。昔は御蔭山まで森でしたが、明治四年(一八七一)に発布された上知令《じょうちれい》によって御蔭山を含む百五十万坪を上知し、現在の面積まで減少したという歴史もございます。この上知令は寺社にとって大きな打撃を与えるものとなりました。

さて、現代の式年遷宮の費用も五十億円で、この森の中に建つ八十四棟の社殿を全部修理しています。昔も今も変わらないんやなというふうに思います。ちなみに平安時代の社殿の目録を見ますと、二百何十棟と書いてあります。現代よりさらに大きな規模の事業やったということがわかります。天保六年の遷宮ではそれだけのお金が必要だったので、神社が準備した三千七貫と幕府から出してもらった二千八百一貫では到底足りず、商売をしている人、金持ちの商売人、京都だけでなく大阪の豪商や財閥からお金を借りて何とか事業を進めたということです。十万両、十五万両などの借用書や、神社の社殿を修理するので応援してくれという内容の手紙も遺っています。　これは、下鴨神社が借りたというんではなく、神工《じんく》がお金を借りて、社殿を造り、あるいは修理をして下鴨神社の神さまに奉納しますというのがこの時代の制度でございました。神工とは、今で言う宮大工さんで、当時は社家《しゃけ》（＊3）の一員でした。今でもそういう制度がありますが、社殿建築技術を保存するため特別な技術を持った大工さんの集団だったのです。神工の頑張りようもありますが、その当時の神主さんも全員保証人になり借りたのです。何とか維持管理ができたわけであります。借りたお金は、最初の二、三回は年貢で返しますが、それ以降は知らん顔です。今で言う寄附の始まりです。

遷宮から式年遷宮へ

下鴨神社の式年遷宮の記録は鎌倉後期ころに成立されたと見られる『百錬抄《ひゃくれんしょう》』という史書に遺されています。

平安時代の中ごろは、天保の時代によく似ており、時代が変わろうとしていたころです。やはりその時代も大きな災害が続き、戦乱ばかりで人々の住むところも食べるものもないという時代でした。

長元九年（一〇三六）四月十三日、後一条天皇は宣旨を発し式年遷宮が始まりました。このときも鴨川の氾濫と疫病の蔓延で、そこらじゅうに飢餓で死んだ人がごろごろしているという大変な時代だったようです。荒ぶる神々に鎮まってもらうために、人々が平穏に生活できるように、田畑が潤うようにという願いを込めて、遷宮が行われ、定められた年を指す「式年」とされたのが、この時代です。

また、経費もかかりますので、全国に六十何ヵ所か荘園や御厨《みくりや》が設けられ、そこからの経費や応援で維持・管理がされた時代でもありました。

このように遷宮という大事業は、人々が苦しみから抜け出すために、そしてその苦しみを癒すために神さまや仏さまにお願いするという意味もあって、大きな行事となりました。しかも二十年ごとに行う。二十年ごとというのは、中国の暦から独自に発達した天文学や暦道から見て二十年が相当だろうということで決められたとのことです。この天文学や暦道は、律令制の中務省に属する陰陽寮という機関が担当していたのが、陰陽師という賀茂の一族の暦博士でした。

本殿

宣旨とは天皇のお言葉を伝える文書です。

先ほど、下鴨神社の式年遷宮は二十一年ごとと申しましたが、天皇からの宣旨や御教書《みぎょうしょ》による遷宮のほか臨時に行われることもありました。例えば、文明二年（一四七〇）六月十四日、いわゆる応仁・文明の乱で、糺の森の西から始まり、糺の森が戦場になりました。森の七割が焼けてしまい、社殿もほとんど焼き討ちに遭い、宝物が略奪されてしまいました。そのため、下鴨村を離れて松ヶ崎村に仮殿が造営され臨時の遷宮が行われましたが、そこも危険であるため岩倉の幡枝郷に仮殿が造営され、改めて臨時の遷宮が斎行されました。臨時の遷宮のほとんどは、火災や戦災によるものでした。元永二年（一一一九）には、前年に第四回式年遷宮が斎行されましたが、本殿以下各社殿が火事に遭い、臨時の遷宮が行われました。

また式年遷宮に於いても延宝七年（一六七九）第二十二回と正徳二年（一七一二）第二十三回の式年遷宮は、延宝三年（一六七五）と宝永五年（一七〇八）の火災に巻き込まれ、河合社や鴨社神宮寺が焼亡しましたので、社殿復興の遷宮が斎行されました。時代は下り、昭和十二年（一九三七）の第三十一回式年遷宮も、昭和九年（一九三四）の室戸台風と昭和十年（一九三五）の京都大水害からの復興の遷宮でした。

伝承される想い

かつては下鴨神社の神主さんになるためにも、神さまを拝むだけではなく、お供えのこと、それは調理をするお供えの野菜や米を育てることから始めます。籾をまいて、苗を植えて育てなければなりません。また米を炊くためには鍋も必要です。一つのことをするためにはさまざまな技術があり、その技術を伝承し一人前になるには、二十年はかかるのではないでしょうか。

例えば、私たちの修行時代、草履などは皆自分でつくりました。自分のものは自分でつくるということです。お供えの調理をするためには包丁が要ります。包丁の材料である鉄は、鉄がとれる社領があり、下鴨の鍛冶屋が鋼を鍛え、その鋼を用いて自分で自分用の包丁をつくり、それを一生使うということをしております。物事を習得するには時間がかかります。

物事の一区切りとしておおよそ二十年、伝承された技術が息づくものを一生大切に使う、そういった想いを込めて私たちは式年遷宮とともに未来へ伝えていきたいと思います。

式年遷宮というのは、さまざまなものを新しくして神さまへの感謝、敬意を表すことです。それによって社殿のみならず、私たちの心も改めて初めに立ち返って、そして次代につないでいく。そうした営みが式年遷宮なのです。

【注釈】

＊１ 神饌／お祭りなどで神様に献上するお食事のこと。

＊２ 賀茂伝奏／宮中にある役職の一つで賀茂社を管轄。ほかに伊勢神宮の神宮伝奏、幕府の武家伝奏、朝廷の信仰が特に厚い寺の寺社伝奏などがある。

＊３ 社家／一定の神社に世襲的に仕える神職の家柄。明治維新で廃止。

賀茂御祖神社宮司　新木 直人

一九六三年京都市左京区鎮座、賀茂御祖神社奉職。二〇〇二年現職、その他洛北地域の五社の宮司を兼務。全国賀茂社連合理事長。全国一の宮会会長。世界スカウト財団ＢＰフェローほか。

二王門

第七回 仁和寺

悠久の仁和寺を護り継ぐ

総本山仁和寺
第五十世門跡　立部 祐道

思いを伝える仁和寺

一口に、私たちは、文化・文明というような言葉を言いますけれども、この日本の国には、国土はもちろん日本人それぞれの心の中にもすばらしい文化があります。そして、それは日本列島の中でつくり上げられてきた文化であり文明です。大陸から押し寄せるさまざまな異文化を国土の中に凝縮して、長い年月をかけてつくり上げられてきたすばらしいものであろうとも思っておるわけでございます。

文化財を守るために、消防設備や防犯設備、維持管理をきちんとして、囲いをして金庫の中に入れてしまえば、とりあえず保護はできますが、それでは何の意味もない。そのすばらしい〝あるもの〟が、宗祖をはじめ数々の先人が築き、伝えてきた仏の教えであり、現在もこれから先も、我々を育ててくれるものでもあり、そういうことを発信するものでなければいけないと思っております。ですから、仁和寺の場合は、開創から現在に至るまでの宗教的な、いわゆる思いが綿々《めんめん》と広がった状況の中にあるということなんです。

お釈迦様の誕生

今から二千五百年前にお釈迦様が誕生しました。お父さんは王様で浄飯王《じょうぼんのう》、お母さんがマーヤーという方でございます。マーヤーのおなかが大きくなったものですから、ふるさとでお産をしようと里帰りの途中、ネパール南部のルンビニで休んでいたときのこと、季節は春、四月八日でございます。そこには大きな池があり、ほとりには菩提樹の木が茂り、アショカ(無憂樹《むゆうじゅ》)というハイビスカスのような花が咲いておりました。沐浴で汗を流して、花を髪に飾ろうと手を伸ばしたときに、脇の下から赤ちゃんが誕生して、何と七歩も歩いて「天上天下唯我独尊」と仰ったそうです。そしてお釈迦さまの誕生を喜び、甘露の雨が降ったということから、四月八日の灌仏会《かんぶつえ》

（花祭り）では、お釈迦様の誕生仏に甘茶をかけて誕生を祝うようになりました。
シッダールタと名付けられたお釈迦様は、後の王様になる立場でございますので、夏は涼しく、冬は暖かくと、すばらしい環境の中で育てられましたが、世の中には老いていく人間がおる、死んでいく人間がおる、病気になる人間やら、あるいは生きる苦しみの中で悟りを求めて修行する人間もおる。それをどうやって自分の体で証明していこうかとお考えになられ、奥さんも子供さんもいるけれども、カンタカという白い馬に乗って、悩み抜いた末にお城を飛び出し弱冠三十歳そこそこで出家いたします。

そして、五～六年もの長い年月、苦行や瞑想の中で悟りを開こうとしたけれども、決してできませんでした。苦行の末、とうとう骨と皮になって、川のほとりにうずくまっておると、村の娘スジャータさんが乳粥をつくってくださった。そのお粥で元気を取り戻したお釈迦様は川を渡って、ブッダガヤの菩提樹の下の大きな岩に座して瞑想に入り、そこで悟りを開かれ、仏陀となりました。シッダールタがブッダになったのです。

この人間が仏になった教えがヒマラヤを越え、また中国の西のほうから砂漠を越えて、敦煌《とんこう》や中国の西安に入っていき、一方は、海から東南アジアの各国に伝播《でんぱ》していったというのが仏教でございます。

日本には、中国からさまざまな仏教の教えがたどり着き、奈良時代、平城京を中心に栄えたのが南都六宗《なんとろくしゅう》です。これは、宗派の総称で、華厳《けごん》、法相《ほっそう》、三論《さんろん》、成実《じょうじつ》、倶舎《くしゃ》、律《りつ》という六つの教えがあります。

東大寺は華厳宗《けごんしゅう》、薬師寺は法相宗、鑑真和尚さんが来て修行道場を開いた唐招提寺《とうしょうだいじ》は律宗、とそれぞれの教えの中で多くの日本の若者たちは、そこに勉学の場を求めていったわけです。

仁和寺の誕生

四国の善通寺に誕生した空海（幼名・眞魚）は大学で勉強しながら、自分も中国に渡りたいと、延暦二十三年（八〇四）七月六日第十六回目の遣唐使船に乗って中国に渡ります。台風による船難に遭いながらも橘逸勢《たちばなのはやなり》（＊1）や藤原葛野麻呂《ふじわらのかどのまろ》という大使以下、そうそうたる面々と唐の首都長安（現在の西安）に入りました。長安は既に百万人の人口があったと言われ、世界トップクラスの都市でした。あらゆる文化・文明がそこにあり、日本から行った多くの人たちが多くのことを学びました。

空海がたくさんの教えを持って帰ってこられたのが大同元年（八〇六）。当時の嵯峨天皇は中国で学んできた教えを受け入れる姿勢を示され、少々の戦乱の状況もありましたけれども、京都の町、奈良の町に中国で学んできた宗教が存在していきます。

日本古来の宗教は神、神道の教えです。そこに外国から仏の教えが入ってくる。けんかをするわけですね。水と油の状態。しかし、日本人はそれをうまく混ぜて、その流れが真言宗というこの仁和寺の教えの中にあるんです。

仏教というものが、この京都の町のあちこちにある中で、第五十八代光孝《こうこう》天皇が、この地に両親の霊を弔うために西山御願寺《にしやまごがんじ》というお寺をつくり始められましたが途中で崩御されます。そこで弱冠二十歳そこそこの五十九代宇多天皇がその遺志を継ぎ、寺号も元号からいただいて仁和寺が創建されました。仁和寺千百二十五年の歴史がここに始まるのです。

西山御願寺を創建された光孝天皇は、「君がため　春の野に出でて　若菜つむ　わが衣手に雪はふりつつ（古今和歌集）」という小倉百人一首の歌を残されているように、非常に心優しい方でした。これは、正月早々にお嬢さんやら奥さんのために七草をつくり、みんなで一緒に食べようと、雪が降る野に出でて、七草を摘んでおったという、その情景を歌にされたものです。その方が、仁和という元号に存在した所以であるわけでございますが、仁和の言葉の中には、そういう優しさ、心優しさが存在するということでございます。

光孝天皇の遺志を引き継ぎ、仁和寺を創建した宇多天皇は、十年後、京都の教王護国寺（東寺）の益信《やくしん》という僧正のもとで得度《とくど》（出家）して法皇となり、後に寛平法皇《かんぴょうほうおう》と称されました。お坊さんになった宇多天皇は、仁和寺に「御室《おむろ》」というお住まいを設け起居いたしました。そのことから「御室御所《おむろごしょ》」と称されましたが、明治以降、門跡に皇族の方が就かなくなりましたので、現在は「旧御室御所《きゅうおむろごしょ》」と称しています。御室というのは高貴な人のお住まい、元天皇陛下でいらした方が門跡、いわゆる住職をしていたということです。そしてこの地域には御室という地名も存在いたします。

仁和寺の復興と文化財

それから約六百年後の応仁元年（一四六七）から文明九年（一四七七）までの十年間、応仁の乱で京都は焼け野原となり、当時仁和寺は東西八キロメートル、南北四キロメートルの範囲に約七十軒もの塔頭が存在していましたけれども、ことごとく焼けてしまいました。しかし、そのような戦火の中でも、法灯《ほうとう》は、仁和寺の南側にある一の丘、二の丘、三の丘という双ケ丘《ならびがおか》のふもとに小さな僧坊を造り護持《ごじ》されてきたわけでございます。

金堂

そして、仁和寺第二十一世門跡の覚深《かくしん》法親王《ほっしんのう》さんが、二条城に第三代将軍徳川家光公が来られたときに、仁和寺を復興したいので、何とかなりませんかというお願いを申し上げたところ、二十一万両を頂戴することができました。今のお金にすれば、二百十億円くらいかと思います。その二十一万両で、金堂、五重塔、二王門、経蔵、鐘楼、御影堂、観音堂のほか、御所の中のさまざまな堂舎が完成いたしております。約三百七十年前に完成されたものが、現在の仁和寺の堂塔伽藍でございます。

現在残っております国宝、重要文化財は、建物、仏様、書画・

骨董品を含めて五十七件あります。

　国宝の金堂は、京都御所の正殿として中心になる儀式を行った紫宸殿《ししんでん》が建て替えられるときに、その旧材を持ってきて建てられているということでございます。その際、檜皮葺《ひわだぶき》だった屋根を瓦葺に、天皇陛下がお座りになっていたところは須弥壇《しゅみだん》にしています。また、賢聖障子絵《けんじょうのしょうじえ》という有名な中国の故人のお姿が描かれた屏風もありましたが、取り払われ、天井も入ってございません。上に上げるか、取りはずす蔀戸《しとみど》などの構造は当時の紫宸殿をそのまま残している遺構ということで国宝になっております。本尊はこのとき造立《ぞうりゅう》されたもので、阿弥陀如来、観音菩薩、勢至菩薩の阿弥陀三尊像をお祀りしております。仁和寺創建当時に造立された阿弥陀三尊像は国宝に指定されており、仁和寺霊宝館に安置されております。

　金堂では、毎朝、朝の勤行を行っております。会館にお泊りの人は、冬は六時半、夏は六時からともにお参りすることができます。

　次に重要文化財の建物についてお話ししたいと思います。

　二王門は、京都三大門の一つと言われ（南禅寺三門・知恩院三門）、金剛力士という勇ましい格好をした二王さんが門兵をしていますね。右側は口をあけた「阿形《あぎょう》」、左側は口を閉じた「吽形《うんぎょう》」で、ここから「阿吽の呼吸」という言葉が生まれました。お宮の狛犬もそうですね。右側が口をあけた「阿形」、左側は口を閉じている「吽形」です。

　五十音を梵字であらわすと、初めの「阿」と、一番最後の「吽」であり、解放的になって、うわーっといくのと、ぐーっと締めていくという、二つの相反するバランスを二王さんが教えてくれています。

二王門と金堂の間にあるのが中門《ちゅうもん》で、右側に持国天《じこくてん》、左側に多聞天《たもんてん》が安置されています。

中門を入って西側に位置する観音堂は、現在(＊2)、初めての解体修理をしています。観音堂の御本尊は「千手千眼観世音菩薩《せんじゅせんげんかんぜおんぼさつ》」と言いまして、千の眼でどんな人の願いも見落とさず、千の手であらゆる手段を尽くして人々を救うと言われています。

普通は、仏教の二十五有という世界観から四十二本の手の仏さんが多いのですが、千手千眼観世音菩薩は千本の手があります。たくさんの手でもって多くの人たちと手を結び合おうということでございます。

観世音《かんぜおん》というのは、世の音を観る、世の現象を観ることによって、仏様のようになれるという教えです。

東側に位置するのは五重塔で、高さは約三十六メートルございます。大日如来さんが中央に、胎蔵界四仏という仏様が東西南北にお祀りされておりまして、中心にある心柱《しんばしら》と四方に四本の柱(四天柱)があって、一つの大きな塔という形で存在しています。

宸殿からの眺望

心柱は、地面に埋めているのではなく、大きな石の間に小さな穴が一つ掘ってあって、その穴の中に柱が一本座っておるだけです。地下深く埋めてがんじがらめにしてしまっているのでは、途中で折れるだろうけれども、一本はそんなことをしなかった。揺れ動けば、五重塔全体で、お互いが譲り合いながら動いて、その大きな流れを吸収していくという構造がために、風にも強い、地震にも強いということです。阪神・淡路大震災のときにも揺れたけれども、崩れることはありませんでした。これが一つの後の文化、現在、東京タワーやスカイツリー、高層建築を可能にした柔構造の根源をなしているということです。

五重塔の斜め奥に建つ三棟は九座の明神（八幡三神・賀茂上下・日吉・武答・稲荷・松尾・平野・小日吉・木野嶋）をお祀りした九所明神《くしょみょうじん》で仁和寺の伽藍をお守りいただいている社でございます。

五重塔の先に金堂があり、その東側に位置するのが経蔵《きょうぞう》です。中には八角輪蔵《はっかくりんぞう》と言いまして、一切経を納める八角形の回転式書架があり、二、三人で押せば回るような構造になっております。金堂を挟んで経蔵の反対側にある鐘楼は、入母屋造で下部が袴腰式になっており、つり鐘は外から見ることはできません。

鐘楼の西側に位置するのが御影堂《みえどう》です。弘法大師さんと第一世の宇多天皇さんと第二世の性信親王《しょうしんしんのう》、三人のお姿をお祀りしています。二十一日が弘法大師さんのご命日なので、その日は皆さん方一緒にお勤めさせていただいております。

二王門を入ってすぐの西側にある本坊表門も重要文化財です。総ケヤキ造りの薬医門《やくいもん》（＊３）となっており、この門の中に、仁和寺の御殿（本坊）、国史跡の御所の跡がございます。ここには、明治二十年に焼失するまで京都御所の御常御殿を移築した宸殿《しんでん》がございました。現在では再建された宸殿、白書院、堂本印象《どうもといんしょう》の襖絵《おつね》が残っている黒書院があり、すばらしい宮廷文化が鑑賞できるかと思われます。御殿の奥には茶室が二つあります。一つは光格天皇が愛用された、草庵式、茅葺の飛濤亭《ひとうてい》。もう一つは、尾形光琳の邸を移築した柿葺《こけら》の遼廓亭《りょうかくてい》。どちらも重要文化財になっています。

また、仁和寺の裏の成就山には、御室八十八ヶ所霊場があります。これは第二十九世門跡が四国八十八ヶ所を回るのは大変だから、京都の町にも四国を回ったのと同じようなご利益をいただきたいということで、四国のそれぞれの札所の土を持って帰り、山中に埋め、そこにお堂を建てて、八十八ヶ所を回れるようにしております。

宸殿

自然が教えてくれるもの

仁和寺には、国の名勝、御室桜《おむろざくら》があります。背丈が低いので、「わたしゃお多福　御室の桜　鼻が低ても　人が好く（民間の歌）」と詠われたように、昔から多くの人に親しまれている桜です。花見をするとき、つぼみは見るに見られん、散り出したら見るに見られんというようなことを言いますけれども、人も花もそういう見方をしたらいけませんね。吉田兼好は、徒然草で「花は盛りに、月は隈なきをのみ見るものかは（徒然草・第一三七段）―花は満開のときだけ、月は曇りがないときだけ見るものだろうか―」と言っています。お月さんだって雲に隠れとるときもあれば、三日月もあって、闇夜もあるわけです。病身であれば、外の月夜を見ることはできないけれども、月の明かりに照らされた葉っぱの影がすすっと揺れ動くのを感じて、ああ、きょうは月が出ておるんだなと、そういう思いをめぐらすのも月見じゃないか、そして花も満開のときだけが花見じゃないと、そう考えておられました。本当にそうですね。

夏の暑いさなかに、太陽の光を受けて小さな芽が出てきますね。細い枝の先をごらんになってください。桜にしてももみじにしても、一生懸命夏の暑い太陽を受けて、来年に花咲く芽を、来年に出る芽を今から蓄えて、これから迎える冬の間の寒さに耐えさせてやろうという教えをしておるわけです。つまようじよりも小さな芽の先が、冬の間氷に包まれても、雪に包まれても、枯れたり萎えたりはしません。ちゃんと春に息吹いていく、そういうすばらしい教えを、もみじや桜や自然の木々は教えてくれます。

また、もみじの種は、小豆ぐらいのが二つ一緒になって、羽が生えているような格好をしています。プロペラと一緒でこういう格好にしておけば、風が吹けば、その風に乗って、遠いところへ飛んでいくことができます。大きな木の下で芽を出し、木陰でなかなか成長しないより遠いところで太陽の光をたくさん受けて成長して欲しい。もみじの親がそういう種をつくっているんだということです。このすばらしい驚異は、誰がつくったかと言うと、神様がつくったとしか言いようがありません。

タンポポが風に揺られて、ぷーっと飛んでいくのも、落下傘のようにしておれば遠いところへ飛んでいけるぞと。ドングリやクリもリスがそれを拾ってきて、冬の食料としてあちこちに埋めて、時々忘れてくれるから、そこの場所で芽ぶいてくれる。山道を歩くと、ひっつきぼうがひっついてくるね。犬やイノシシについて、遠くでパーッと震えれば、そこに種は落ちるじゃないかと。あのいかりのような格好をした種を誕生させたのも神様や仏様だと私は思っております。

受け継がれる豊かな思想

終わりに、真言宗の教えについてお話ししたいと思います。

真言宗の教え、つまり空海の教えは、「即身成仏」というもので、身口意《しんくい》三密清浄にすれば仏になれるというものです。わかりやすく言えば、体と口と心、その三つを仏様と同じような姿形にせよということです。

キリスト教も日本古来からある神道も、キリストや神様になれという教えではありません。仏教だけが、人間が仏になれるという教えなんです。その仏になる方法が、皆さん黙っておっても仏になるけれども、そういう仏ではない。このままで仏になろうというのは、仏様のようにじっと座って、静寂な気分で、そして心の中には人々の幸せを守っていこうと想い、口には仏様の褒めたたえる陀羅尼真言《だらにしんごん》を唱える、そうすると仏になれるわけです。

今日、この講座の案内を見て、行ってみようかなと思われたその瞬間に、皆さん方の中には仏性《ぶっしょう》という、仏になる種が生まれ、それがだんだん膨らんでおります。そして先ほどからその数値がどんどん上がっておる。そういうすばらしさを仏の教えは持っておるわけです。

あなた様のおかげで、きょう一日楽しい思いをすることができた、夜ゆっくりお休みして朝を迎えたら、仏壇に灯明と線香をともしながら、「ご先祖さん、ありがとうございます。あなた様のおかげで、私たちは今日も幸せに仕事をすることができる、生きていくことができますよ」

と感謝の気持ちを持ち合わせていく。それを繰り返すことで、少しずつ仏になっていく。それで、あと五年、十年もすれば、確実に仏になる。そのときに、残った者から皆さん方が拝まれるようになっていただきたい。我が先祖さん、我がおばあちゃん、我がおじいちゃんはこういう人でありましたよと言って、残った者たちが毎日仏壇に灯明や線香をともしながら合掌し、あなた様のおかげで我々の家族はあるんだという、そういう誇りを持てるような子孫を育てていこうとするのが、皆さん方の使命です。

文化財という建物も、そういう使命を持っておる。今すばらしく在るから良いというのではなく、将来そういう思いを多くの人々が認知するために存在する。それを教えるためにいろいろなお堂や塔があり、教えがあるわけなんです。

今年の漢字（＊4）は「輪」でした。これは五輪、おもてなしの輪。「輪」というのは、私たちの望みとしたものではなかったか。東日本の震災を受けても復興してきたのは、日本にすばらしい文化・文明、それも宗教を根源とする文化が存在しておったからとも思うんです。日本は大陸の東端にあるけれど、文明の東の集積地とも言えます。遠く中国やインド、朝鮮から入ってきた仏教を中心とした多岐に渡る文化は日本という土壌の中で熟成され、きめ細やかな文化をつくり上げたと思うんです。

例えば、十二月二十五日、私の孫は、キリスト教系の幼稚園に行って、ツリーの模型を持って帰り、仏壇の隣に置いて、パパが買ってきたクリスマスのケーキを仏壇にお供えして合掌する。その隣に神棚もある。わずか一平方メートルの間に、キリスト教も仏教も神道もあるんですよ。十二月二十四、二十五日ごろまで、日本人はオールクリスチャンになり、十二月三十一日、京都市中にあちこちから流れる除夜の鐘の音を聞きながら仏教徒になって、一夜明けると、福王子神社や北野天満宮、あるいは八坂神社へ行って、柏手を打つ。一週間でキリスト教と仏教と神道をやってのけるのは、ええかげんと言えばええかげんだけれども、これほど豊かなものはないと思います。

このように日本人の宗教観は、自然との一体感や日常生活におおらかさを持つことであらゆる宗教を受け入れ、お互いを分け合うような姿形を持っているという考え方です。その考え方を世界の人たちに知っていただきたいと思うのです。

家庭の中でも、兄弟、親戚いろいろな考え方を持っておられるだろうけれども、私たちは全部一つのものにする能力を持ち合わせておる。皆さん方は仏に既になった年齢でございます。正々堂々と生きていかなきゃいけない。その使命を持っておると思うんです。ええかげんに生きて死んでいったらあかん。この世に生まれた限り、みんなから合掌されるようになって、あの世へ旅立っていきましょう。

【注釈】

＊1 橘逸勢／平安初期の官僚・書家。

＊2 現在／平成二十五年（二〇一三）当時。

＊3 薬医門／門の基本枠組みをなす冠木と鏡柱の枠に控柱と横木を添えて強度を強めた門の様式のこと。

＊4 今年の漢字／平成二十五年（二〇一三）当時。

総本山仁和寺 第五十世門跡　立部 祐道

一九四〇年広島県尾道市にて出生。一九六四年龍谷大学文学部史学科卒業。二〇一三年総本山仁和寺第五十世門跡・真言宗御室派管長、総本山仁和寺・真言宗御室派最高顧問、福岡県宗像市鎮国寺名誉住職。

銀閣（観音殿）

第八回　慈照寺
東山文化を語る

相国寺派管長　有馬　頼底

国宝の銀閣と東求堂

皆さんここを銀閣寺と言っておりますけれども、それは俗称で、正式には、ここを造営された足利義政公のご戒名である慈照院殿（慈照院殿准三宮贈大相国一品喜山道慶大禅定門）をとりまして、慈照寺という名前が付いております。もともとこの慈照寺は東山山荘（東山殿）として造営されたもので、義政公が死去し、その菩提を弔うため相国寺《しょうこくじ》の末寺として寺院に改められたという経緯があります。

修復をしながらも当時の建物が残っているのは国宝に指定されている銀閣と東求堂《とうぐどう》のみです。東求堂は向かって左側に床の間があって、義政公の肖像がお祀りしてあり、その右側にある襖をあけると違い棚があります。あとでまた詳しくお話ししますが、東求堂の同仁斎《どうじんさい》は、日本の「書院」の原型と言われています。

書院は、板張りで十分な仕切りのなかった平安朝の寝殿造とは大きく異なり、畳を敷き詰める、障子や襖で仕切る、床の間を設けるなど、いわゆる和風建築の起源となったものです。

「書院」については、銀閣の解体修理をした際、興味深い発見がありました。私は昔から銀閣にある六畳の間《ま》が何のためにあるのか非常に疑問に思っていましたが、解体修理をしてここにも「書院」があったということがわかりました。どういうことかと申しますと、塗りつぶされていた白壁をめくったら、中から床の間と違い棚の痕跡が出てきまして、それは東求堂の同仁斎を反転させたスタイルだったんです。

「せっかくこういう痕跡が出たからには、どうしてもこれを復元しましょう」と申し上げたんですが、「修復というのは現状維持が原則です」と役人はおもしろいことをおっしゃいます。この現状維持とは、大正初期に大規模な解体修理をしたときの現状のことを指しているんです。「大正初期の現状維持をして何の意味があるんですか。オリジナルの復元をしなくてはいかんでしょう」と言いましたが、そういうことになっていますと言うことで復元することは叶いませんでした。ほかにも、観音殿である銀閣の二層に観音様がお祀りされていて、二層へ上がる階段は、現在建物の中にありますが、このときの解体修理でオリジナルだと外から上がるようになっていた跡もありましたが、これも復元はしていません。

足利義政という人

ここを造営した八代将軍足利義政公は、将軍でありながら、自分の思いどおりの政策がとれなかったんですね。それにはさまざまな理由があります。

まずは、義政公が将軍になる以前、幕府も世の中も不安定だった正長元年（一四二八）に農民が起こした最初の一揆「正長《しょうちょう》の土一揆《どいっき》」が起こりました。近江坂本や大津のお馬さんで荷を運んでくる運搬業「馬借《ばしゃく》」が暴動をおこしたことが発端となり、農民、地侍《ぢざむらい》も含み徳政（借金の帳消し）を求め、京都・奈良に広まったものです。

この一揆は幕府運営を揺るがすほどの大きな暴動でした。そして幕府は経済的にも非常に逼迫したんですね。

その後、義政公の父である足利義教《あしかがよしのり》が六代将軍になります。

義教は、皇室を尊崇して非常によい面もあったんですけれども、逆らったものには厳罰を下すなど、その治世は「万人恐怖」などと称されていました。そうすることによって、幕府が弱体化していくのを防いでもいたのですけれども、余りやり過ぎというのは問題ですね、何でも。そして、嘉吉元年（一四四一）戦勝の宴で赤松家に招かれ、お能を鑑賞しているとき赤松満祐《あかまつみつすけ》に暗殺されました。これが日本歴史上有名な嘉吉《かきつ》の変《へん》です。赤松家の屋敷は「西洞院以西、冷泉以南、二条以北」にあったといいます。現在の二条城の東の堀川通を挟んだ場所に当たりますね。

足利義教が亡くなり、義政の兄である義勝《よしかつ》が、わずか八歳で将軍になりますが、十歳で亡くなるんです。それで、庶子として生まれた義政が文安六年（一四四九）、十四歳で将軍になりました。しかし、将軍を継いでも、実力を発揮する状況じゃなかった。いろいろな守護大名が口を出すんです。これは将軍がおってもおらんようなものなんです。

さらに、康正元年（一四五五）義政十九歳のとき、十六歳の日野富子さんをもらわれた。日野富子さんというのは、歴史上、稀代の悪女みたいに言われているけれども、そんな悪い人じゃないと私は思うんですけどね。ご主人が頼りないと嫁さんが頑張るんです。日野富子さんは、各関所に関寺を設けて関銭を稼ぐんですね。それで将軍よりも奥さんのほうが金持ちになっちゃうんです。そういう意味からいきますと、おもしろくないのは旦那さん。政治への関心も薄れてきていた義政公は、出家していた弟の義尋《ぎじん》を還俗させまして（義視《よしみ》と改名）、将軍の後継者に決めたんですが、皮肉なものでそれから十カ月ほどして、妻の日野富子さんが懐妊するんです。これが後の足利義尚《あしかがよしひさ》で、日野富子さんはどうしても自分の子どもに将軍を継がせたい。それで、義尋さんと争うことになるんですね。

四職《しき》の山名宗全《やまなそうぜん》（西軍大将）と管領《かんれい》の細川勝元（東軍大将）の勢力争いで対立が深まっているところに、将軍家の後継者争いも加わり、十一年間も戦争したんですね。これが有名な応仁の乱。ほとんど京都中が焼け野原になってしまうんですね。

実は、義政将軍、この応仁の乱の前から山荘の構想を温めていたんですよ。そんなひどい十一年もの戦の間もずっと、この思いを持ち続けておられたんですね。

結局、義政公は自分の息子、義尚に九代目の将軍を譲り自分は隠居するんですが、その際、隠居所というのが要るんですね。なかったら建てなあかんと。それで、弟の義尋さんが住んでいた浄土寺が応仁の乱で跡形もなく焼けてしまっていたので、義政将軍はそこに目をつけて、文明十四年（一四八二）、後の慈照寺となる東山山荘造営を始めるわけです。その際、建設中の東山山荘に頻繁に招かれて参考意見を求められたのが相国寺の七十九世の横川景三《おうせんけいさん》という禅師です。「東求

書院 富岡鉄斎

堂」や「同仁斎」の名称も横川景三がいくつか挙げた候補から義政公が選んだと言われています。

そして、住まいとなる常御所《つねのごしょ》が完成すると、早速、義政将軍は移ってくるんです。そのときに、後土御門天皇《ごつちみかどてんのう》から東山殿という称号を賜ったと横川景三の記録に書いてあります。また、義堂《ぎどう》周信《しゅうしん》の日記「空華日用工夫略集《くうげにちようくふうりゃくしゅう》」にも、文明十四年（一四八二）六月、将軍が新築の家に移ってきたということが書かれています。

禅文化としての茶の湯

そもそも義政公という人は、禅僧たちとの交流もあり、水墨画や連歌などに関心を持っていた文化の人なんです。その実力をどんどん発揮されて、晩年の十年間で、全部やることをやってしまった感じなんですね。いろいろなことをやっていますよ。日本に今ある、茶の湯というのは、義政公が東山流茶の湯を確立してからが非常に発展したんですね。

それ以前はギャンブル的な要素が強かった。闘茶《とうちゃ》と言って、二十種類ほどお茶を飲み比べて、産地や名前を当てる上流階級で流行ったお遊びですが、賭け事なので、参加者から賞金を全部集めるんですね。そして優勝者に賞金がいくんですが、大体胴元さんが儲かるようになっているんです、ギャンブルというものは。しかしそれではちょっとまずいんじゃないかと。やはり芸術の領域まで引き上げんといかんと。茶道とか書道とかあるでしょう。剣道とか、そういう

「道」という領域に引き上げないかんのやないかと、義政公は同朋衆《どうぼうしゅう》の能阿弥《のうあみ》と一生懸命相談しました。この能阿弥とは、連歌師・画家でしたが、茶道にも通じていて、そのほか花道・香道、唐物の鑑定や屋敷飾りなどにも長けていました。それで、東山流茶の湯というのをこしらえます。茶の湯はあくまでも高尚なものであると『君台観左右帳記《くんだいかんそうちょうき》』という、能阿弥が書き、その孫である相阿弥が大成させた秘伝書に書いてあります。これには、中国の画家に関すること、書院の座敷の飾り方や諸道具、工芸品の鑑定などが図と文で記されています。

例えば、台子点前《だいすてまえ》の寸法から、ここに何を置きなさいなど、全部書いてあり、東求堂に飾ってあります。

『君台観左右帳記』によると、昔は水屋《みずや》で同朋衆がお茶をたてて、それを丸盆に載せてお客さんに配っていましたが、それはあかんと。お客さんの目の前で点前《てまえ》をせよと書いてあります。義政公が決めたんですね。決めたと思うんです。お客さんの目の前で点前をすべしと。それが台子点前ですね。

そうすると、自然にお客さんが見るでしょう。下手な茶道具を使うわけにいかないんです。そこで、義政公は芸術家を育てるんですね。職人を育てるんです。「良いものをつくりなさい。これはあかんよ。もうちょっとええものができるはずや」。そうすることで、美術工芸品のレベルがぐっと上がった。良い物を使い、しつらえを整えて初めて客の前で点前ができるということですね。

また、武将、侍は、狩衣《かりぎぬ》を着て点前をせよ、出家、坊さんは、衣と袈裟をつけて点前をせよと書いてあるんです。私も一遍やってみたんですが、なかなか難しいですよ。しかし、やっぱり亭主はお茶をやらなあかんし、家元がそうです。初釜に行きますと、何百ものお茶を、全部家元一人でたてはるのやといいます。表千家十三世家元の即中斎宗匠《そくちゅうさいそうしょう》も、お年を召してこられたので「宗匠、代わりましょうか？」と言われても絶対代わらなかったと言います。今の家元も絶対自分で全部たてはります。お正客のところに座っていますから、すぐ横でたてはる。やっぱり亭主が自ら濃茶を練らないかんなと改めて思いました。

ここ銀閣寺でも、東日本大震災被災者・国連難民医療支援の平和茶会をやったんです。そのときに、全部私が濃茶をお点前しました。「やはり、さすがご亭主が全部濃茶を練られるなんて初めてですね。」と言われましたが「何を言うている、これは当たり前のことや。お客様に来ていただいたのをおもてなしするのが亭主の務めやないか」と思っているので、私は濃茶席を持たせると、必ず自ら濃茶を練るということを実践いたしております。

もう一つ、奈良に村田珠光《むらたじゅこう》という方がいらっしゃった。

「じゅこう」と濁るんじゃない、「しゅこう」だという新説もあります。また、村田というのはどこから出てきたんや（僧侶なので本来苗字は持たない）。室町時代には村田さんはおらへん、珠光という人がおっただけや、江戸時代から村田が出てくる、そういう説もあるそうです。

ともあれ、この村田珠光は茶の湯の開山と言われる方です。一休禅師から教えを受けられて、「いよいよ君はもう大体において修業がそこそこできた」ということで、印可証明（＊1）として圓悟克勤禅師《えんごこくごんぜんし》の墨跡《ぼくせき》を貰うんです。圓悟克勤禅師は、雪竇百則頌古《せっちゅうひゃくそくじゅこ》というものを表彰されて、『碧巌集《へきがんしゅう》（碧巌録《へきがんろく》）』というものを編集された有名な中国の禅僧です。その墨跡を貰われたということは、非常に名誉なことなんですね。

村田珠光が編み出されたのが「わびのお茶」です。義政公がやっていたのは将軍のお茶で、わび茶というのは、一般の庶民も全部参加できるお茶なんですね。

珠光は義政公と非常に関係が深いんです。直接お目にかかったかどうかということはわかりませんけれども、珠光は能阿弥と非常に親しくしておられたんです（能阿弥の弟子とされる）。

珠光が奈良出生ということで、この二月（＊2）に、奈良六大寺と春日大社で珠光茶会を開催いたしました。そのときシンポジウムでもお話しさせていただきましたが、雪の降る寒い中たくさんの方にお越しいただきました。やっぱりお茶の世界、茶の湯の世界は非常に大きな力を持っていますね。

完成された東山文化

尊氏公以来、ずっと足利家にはさまざまなコレクションがありました。江戸時代初めの長谷川等伯《はせがわとうはく》という絵師が、「七珍万宝《しっちんまんぽう》蔵に満つ」と、義政公のことを書いておられることからもわかります。そのとき等伯がご覧になっただけでもおそるべきものがあったと言われております。『君台観左右帳記《くんだいかんそうちょうき》』にはそれらのコレクションについても詳細に書かれています。中国の絵画の絵描きさん百七十四人の名前や、兎毫盞天目《とうごうさんてんもく》とか建盞天目《けんさんてんもく》など焼き物の類が網羅されています。天目茶碗は曜変天目《ようへんてんもく》で一万貫と書いてあります。今の金額にしたら、十億円以上でしょうかな。そして、『君台観左右帳記』に羅列されている分類方法を超えるものは未だにできていません。これを現在も一歩も出られないんです。それほどのものが室町時代に完成されたというのは、それはすごいことだと私は思いますね。

義政公は、文化を非常に尊ばれた方です。それは、身分の上下を問わず優れた芸術家を援助していたことからもわかります。

当時無名だった狩野正信（後の狩野派の始まり）を招いて襖絵「瀟湘八景図《しょうしょうはっけいず》」を完成させるほか、労働者でも造園に優れた知識を持っていれば寵用して庭の技術指導を任せたりしていました。この庭師が善阿弥《ぜんあみ》です。ほかにも土佐派の土佐光信、宗湛、能楽者の観世流を継いだ音阿弥、生け花の技能に優れた立阿弥なども召抱えました。

慈照寺は、この義政公が追求した美意識をそこここで感じることができます。最初にお話しした東求堂の同仁斎は、「道具は使われてこそ美しい」ということを追求して不要な装飾をなくしていますが、窓から見える庭の借景は四季折々移り変わる掛け軸のようであり、これは、後の書院造の床の間の始まりと言われています。またこの「同仁斎」という名前も、聖人は全ての人間を平等に扱うという「聖人、一視同仁」という言葉からつけられたものです。この時代に身分の上下を問わず才能あるものを大切に扱う義政公の想いが表れていると思うのです。

また、義政公は「わが庵は月待山のふもとにてかたむく月のかげをしぞ思ふ」と詠んだように月を愛でることを好んだと言われ

東求堂

ています。銀閣は、東山の一角に義政が名付けた「月待山」の正面より月が昇ってくるところが観れるように設計されているんです。銀閣の一層で月を待ち、昇る月が庇《ひさし》で見えなくなったら二層へあがり、空の月が錦鏡池《きんきょうち》に映り、池の中の丸い石に重なり通過していく月を楽しみ、さらに庭に出て池越しの月と月明かりに照らされる銀閣を眺めることができるようにつくられています。残念ながら義政公は、延徳二年(一四九〇)銀閣の完成を待たずに亡くなってしまいますが、時間の移ろいやそのときのどうしたら美しく見えるのかといったことを想像することができる方だったのだなと思います。

ほかにも、花の美しさを引き立て際立たせる生け方を追求し、生け花の源流となる立花《たてはな》を確立したり、志野宗信《しのそうしん》(後の志野流香道始祖)に香の様式を考案するように命じたりしたのも義政公です。

現在まで伝わっている茶の湯、華道、香道といった芸道、水墨画、庭園、連歌俳諧、書院造などの文化や文化財は室町時代に形成されたものが大多数です。その前の平安は歌の世界ですね、歌道ぐらい。ほとんど消えていってしまいました。現在の日本文化のほとんどは、足利三代将軍義満、八代将軍義政、二人の将軍によって形成された室町文化が伝わっているものです。そういったことからも、その当時のお二人のすごい力というものを、私は常々感じております。

応仁の大乱をまたいで、義政公の思いがちゃんと現実のものとして造営され、今も残っている東求堂と銀閣。これを守っていく、お守りをさせていただくということに、私は非常に誇りを持っております。

そして私は、日本の国が平和であってほしいと常々願っております。平和であることで、文化が残るんです。見てください。世界の歴史を見たらわかる。政治なんて全部消えていっていますよ、どこかに、不思議に消えていく。何が残るかと言うと文化だけが残っていくんです。おもしろいことに。これが尊いことだと思いませんか。


最後、皆さまに次の禅語を二つ捧げます。

「百花為誰開《ひゃっかたがためにひらく》」。

花が咲く。それは何のため、誰のためなのか。とりあえず咲いているわけではなくて、必ず咲く意味がある。しかし、それはある特定の誰かのため、あるいは何かの目的のために咲いているのではありません。誰のために咲くのかという問いかけは、誰のために咲くのでもないという答えでもあるのです。誰のためでもないが、しかしそれは決して無意味なのではない。

お釈迦様は、人も鳥も花も、この世に存在する生きとし生けるもの全ては、ことごとくみな、成仏なのだと言っておられます。これは非常にありがたいお言葉です。ただ私どもは、それに気が付かないだけなのです。その意味が本当に納得できたときには、それこそ随喜《ずいき》(＊3)の涙を流さなければならない。

私たちは、一人で勝手に生きているのではありません。また、何かのために生きているので

銀沙壇 春

もない。むしろ何ものかによって生かされているという面が非常に強い。花は自分の意思で咲いているわけではありませんが、しかし毎年春になれば、ちゃんと美しい花を咲かせます。何度でも言いますが、それは誰のためでもない、ただ、かくあるべくして咲くのです。そのことのありがたさ、喜びを、是非この言葉から感じとっていただきたいと思うのです。

もう一つは、慈照寺そのものと言ってよい禅語「東山水上行《とうざんすいじょうこう》」。

ある僧が雲門禅師に、「如何なるか是れ諸仏出身の処」と問いました。つまり、お釈迦さまは、十二月八日の朝、明けの明星を見て悟りを開き「山川草木悉皆成仏《さんせんそうもくしっかいじょうぶつ》」と叫びましたが、そのもろもろの仏はいったいどこから来たのですかと尋ねたわけです。

それに対し、雲門禅師はただ一言「東山水上行」と答えました。東の山が水の上をスーッと動くんだよ、と。

これはどういうことでしょうか。山というのは絶対に動かない不動のものです。一方、水は常に動いて止まることがありません。ここには不動と動の対立があります。しかし、その動かないはずの山が動く。動いてやまない水の上を、不動のものが動く。こういう動と不動という二相《にそう》（＊4）（定相《じょうそう》（＊5））を超越したもの、それが仏なんだ、ということなのです。固定観念にとらわれていつまでも対立的、相対的な世界にとどまっていたのでは、本当の解放はないのです。水の上を東山がスーッと動いてゆく情景、それをそのまま無心に受け止める。それ以上のことを考えたとたん、もう真実から遠く離れてしまっている、ということなのです。

この二つの禅語を心にとめて日々の中で感じ取っていただければ、という想いを込めて結びとさせていただきます。

【注釈】

＊１　印可証明／悟りの証

＊２　二月／平成二十七年（二〇一五）当時。東大寺や春日大社など奈良市内の七社寺で毎年開催される村田珠光にちなんだ一大茶会。

＊３　随喜／他人のなす善を見てそれに従い、喜びの心を生じること。ありがたく思い、おおいに喜ぶこと。

＊４　二相／それ自体が持つ特徴や形相（自相）と他とも共通する特徴や形相（共相）や総体的な特徴や形相（総相）と個別の特徴や形相（別相）などのこと。表裏二つのかたち。

＊５　定相／一定のかたち、常住不変の相。

相国寺派管長　有馬　賴底

臨済宗相国寺派第七代管長。鹿苑寺（金閣寺）の住職も兼務。承天閣美術館名誉館長、京都仏教会理事長。久留米藩藩主有馬家（赤松氏）の子孫。中世墨蹟絵画美術工芸に造詣が深く、禅宗歴史美術を通じ、広く一般に布教活動を行う。

世界遺産　曹源池庭園

第九回　天龍寺

天龍寺と夢窓国師

天龍寺派管長　佐々木　容道

天龍寺と禁門の変

天龍寺は長い歴史の中で創建以来八度の大きな火災に遭っており、最後の火災が今から約百五十年前、元治元年（一八六四）に起こった長州藩兵と薩摩藩などの公武合体派の諸藩兵との争い、禁門の変（蛤御門の変）のときの火災です。

現在の法堂《はっとう》には、選佛場《せんぶつじょう》と書かれた扁額が掲げられていますが、この建物は、かつて本山の裏のほうにあったもと禅堂で、火災に遭わず、明治時代に移築されました。明治三十二年（一八九九）に移築と内部の工事が終わって、法堂として使われています。大方丈《おおほうじょう》も明治になってから再建されたものですし、この友雲庵《ゆううんあん》も旧僧堂で、明治時代の建物です。

　火災に何度も遭っている関係で、現在、天龍寺に創建当時のものとして残っているのは、形あるものとしては曹源池庭園《そうげんちていえん》だけです。この庭は開山《かいさん》の夢窓国師《むそうこくし》が造られたものです。そして、形はなくても心の伝統として、遺産として残っているのが夢窓国師の教えです。これは書物の教えとして、また伝統、心から心へ伝わった法灯として、今日まで伝わって生きて残っているものです。最初にまず、禁門の変（蛤御門の変）のときの天龍寺のお話をしたいと思います。

　天龍寺塔頭《たっちゅう》、寿寧院《じゅねいいん》の当時の月航和尚の日記の断片とされる記録があって（奈良本辰也監修『天龍寺』所収）、それを見ますと、当時のことがよくわかるんです。

　今から約百五十年前、元治元年（一八六四）の六月、突然千人もの長州の兵が来て、大方丈を本陣にし、七月十九日、京都御所付近で薩摩・会津などの兵と衝突します。禁門の変（蛤御門の変）です。戦いに敗れた長州の兵は国へ帰っていきましたが、翌七月二十日、今度は薩摩の兵がやってきて、天龍寺に大砲で発砲し、火災になったのです。当時は公武合体か尊皇攘夷かというような対立があったころでございまして、そういう戦乱の中に巻き込まれて天龍寺の多くの建物が焼けてしまったわけでありますけれども、当時その場で対応され、明治時代の初代管長となられた、滴水宜牧禅師《てきすいぎぼくぜんじ》の言葉が残っております。

「さきには勤王《きんのう》のためだと言って寺門を借られ、今は朝命とて焼滅される。是非のない次第である。」

そのときの心情を語られた言葉です(『滴水禅師逸事』)。

初めは、長州藩兵が勤王という言葉を使い、天皇に忠義を尽くすため、お寺を貸してくれと言い、今度は朝敵の長州が本陣にしていたところだ、朝廷の命令だと言って焼滅をした。どうにもしようがない、と。

是非のないというのは本当に滴水さんの気持ちがわかります。いいとか悪いとかもう言ってもしようがないという。

天龍寺の歴史

今日、社会は混沌としておりますけれども、その中で、一体何が大切なのかということを歴史や文化の中から考えること、その観点で故人の教えから学ぶことは大事なことだと思います。天龍寺の開山様の教えの中にも学ぶべきものがたくさん含まれておりますので、まずは天龍寺の歴史から簡単に触れてみたいと思います。

この地域は京都でも最も美しい場所ではないかと思いますね。保津川、嵐山、小倉山、嵯峨野などの自然に恵まれており、昔からたくさんの貴族や皇室の方々が来られた場所でもあります。

平安時代、ここには檀林寺《だんりんじ》というお寺がありました。これは嵯峨天皇の皇后、檀林皇后（橘嘉智子《たちばなのかちこ》）が建てられたお寺で日本最古の禅寺とされます。檀林皇后は中国の唐から義空上人という南宗禅《なんしゅうぜん》の禅僧を招き、お寺を開創されました。この義空上人（安国義空）は馬祖道一《ばそどういっ》から三代目の禅僧です。けれども、このお寺もやがて廃れてしまい、鎌倉時代に入ってからその跡地に亀山殿という離宮ができ上がりました。これは後嵯峨天皇が建てられた離宮で、後嵯峨天皇は吉野から桜の木を嵐山に移植されたという言い伝えが残っております。後嵯峨天皇、そして亀山天皇が住んでおられた離宮がここにはあったわけです。亀山天皇は孫の、幼少の頃の後醍醐天皇をかわいがられたということですから、後の後醍醐天皇も恐らくここで遊ばれたんじゃないかと思います。そしてこの離宮の跡に天龍寺ができるわけです。

南北朝の時代、暦応二年（一三三九）八月十六日に後醍醐天皇が吉野で崩御されました。そのとき、足利尊氏《あしかがたかうじ》・直義《ただよし》は北朝の政権を立てて幕府を開いていました。ことに、尊氏は建武《けんむ》の新政《しんせい》のとき後醍醐天皇の家臣でしたから、恩義に背いたということがあり、後悔の念があったんだろうと思います。尊氏は後醍醐天皇にゆかりのある亀山殿の跡にお寺を建てることを決めました。後醍醐天皇に縁があり、しかも環境としてもすばらしい場所にお寺を建てて後醍醐天皇をお祀りし、菩提を弔おうとして、天龍寺を創建したわけです。

そのときに開山として招かれたのが、後醍醐天皇がかつて帰依をしていた夢窓国師（夢窓疎石）でした。

あしかけ七年の歳月をかけて、康永《こうえい》四年（一三四五）に天龍寺が創建され、落慶《らっけい》法要が行われた際は、都の中心から大変な武者行列がやってきて開堂法要が行われたということが記録に残っております。

天龍寺の名前の由来ですが、伝説では尊氏の弟、直義の夢の中にお寺の南の川から、保津川でしょうね、金の龍が飛び上がる夢を見たということから天龍という寺号をつけたといわれています。もとは、暦応年間《りゃくおうねんかん》につくられた寺で、最初は霊亀山暦応資聖禅寺《れいきさんりゃくおうしせいぜんじ》と号しましたが、「暦応」という年号をつけるのはけしからんという旧仏教からの反発があり、それで天龍という名前をつけたということです。龍というのは仏法の守護神でもありますね。天龍八部衆《てんりゅうはちぶしゅう》の一つが龍でありますし。また龍というのは中国では皇帝を象徴するといいます。そういう関係で、後醍醐天皇の菩提を弔う寺の名前にふさわしいということで、天龍寺ができ上がりました。

雲龍図

法堂の天井には龍が描かれてます。天龍が円相の中でじっと天龍寺を見守っております。守護しているわけです。この龍は平成九年（一九九七）に、先代平田精耕《ひらたせいこう》管長の依頼によって、加

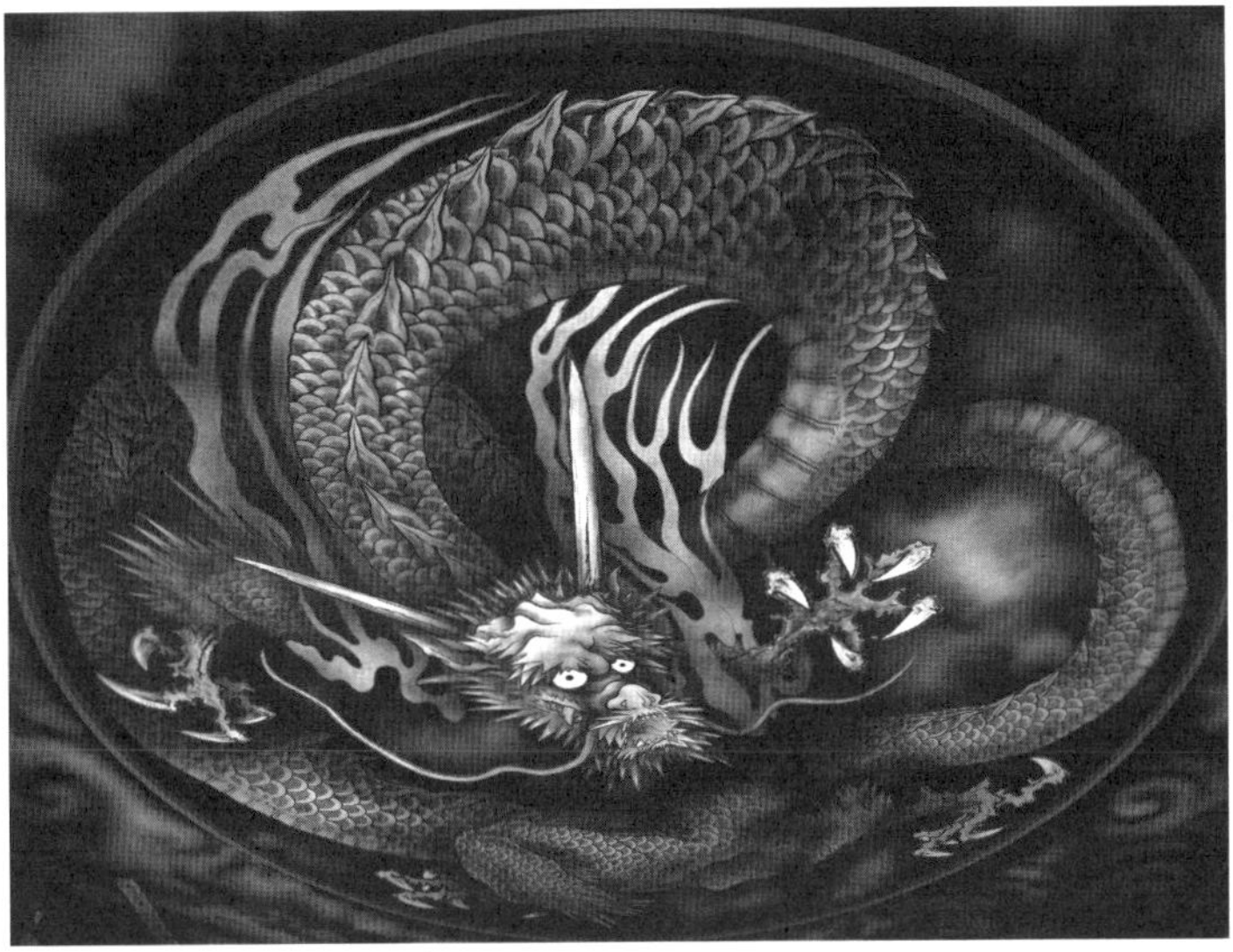

法堂「雲龍図」（加山又造画伯筆）

山又造画伯によって、板の上に描かれ、天井に設置されました。以前の法堂の龍の絵は、明治期に活躍された鈴木松年《すずきしょうねん》画伯によって紙に描かれたものを、天井に貼りつけて、固定してありました。一部分、ぼろぼろになって紙が垂れ下がっていたのをご存じの方がおられるのではないかと思います。

天龍寺が復興して間もない明治三十二年（一八九九）頃、選佛場が移築されて、法堂となりましたが、天井画として、龍を描いていただこうと、当時僧堂の師家であり明治三十二年（一八九九）に管長職に就かれた峨山《がさん》昌禎禅師《しょうていぜんじ》が鈴木松年画伯に依頼されまして、快諾された松年画伯は紙に筆でもって龍を描かれたわけです（『峨山禅師言行録』）。

そのときに利用したのが大きな「硯石」です。本山の裏のほうにある百花苑という庭に硯の形をした大きな記念碑が立っており、その裏面には、この硯石を用いて、墨を入れて、画伯が、大きな筆で豪快に雲龍の絵を描いたことが記されております。実際は山内の雲水が一生懸命磨った墨をこの硯石の中へ入れて、その墨で描いたんではないかと思うんですね。あんな大きな硯石で墨を磨ろうと思ったら大変なことだろうと思います。このようにして描かれたのが、かつての雲龍図です。

加山又造画伯に実際に板の上に描いていただいた現在の雲龍図も見事な八方にらみの龍でありまして、どこから見てもにらんでいるように見えますし、円相の中におさまって静かに天龍寺を見守って、皆さん方を見守り、世の中の平和を願って守護してくださっています。

夢窓国師

続いて、天龍寺の開山、夢窓国師についてお話をいたします。

夢窓国師は、遠くから見ると非常に威厳があったそうですが、身近に接すると非常に温和で優しく自信に満ちており、その語りも教えも多くの人を感動させるような方であったということです。たくさんのいろんな職域の方が国師の教えを聞きに来られたそうですが、どんなことでもすぐに明快な答えが返ってくる、そういう教養のある方だった。仏教だけではなく、ほかの勉強も随分された方です。また、七朝国師（七朝帝師）といいまして、生前、没後を含めて、七代の天皇や上皇から国師号を贈られています。

　夢窓国師がお生まれになられたのは伊勢の国、今の三重県、鈴鹿の三宅町の合川小学校の近くです（天龍寺説）。東条朝綱《とうじょうともつな》の子供で、四歳のときに甲斐国、現在でいう山梨県のほうへ移り住みました。九歳のときに出家をして、市川大門《いちかわだいもん》の平塩寺《へいえんじ》で密教の勉強をされます。市川大門のある市川三郷町《いちかわみさとちょう》には「平塩岡」と呼ばれる盆地が眺められる場所があって、そこに平塩寺の旧蹟があります。

　密教を学んでいましたが、十九歳のときに教学仏教よりも実践の仏教のほうへ進んでいこうと、禅宗のほうへ転向され、二十歳の時に師を求めて、行脚の旅に出られました。そして、二十九歳の時に、仏国国師高峰顕日《ぶっこくこくしこうほうけんにち》禅師に就いて修行をされて、三十一歳のときに見性体験《けんしょうたいけん》、いわゆる悟りを開かれたのです。

　三十一歳ころまでが基本的な修行期間で、その後二十年間は聖胎長養《しょうたいちょうよう》と言いまして、仏道修行を全うするために、更に精進して修行を深め、力を蓄えていく期間ということで、いろいろな場所で庵《いおり》住まいなどをしたり、人々に接したりしながら悟後の修業を続けていかれました。五十一歳のときに初めて京都の南禅寺に入寺をされてから亡くなられるまでが活躍期間だと思います。

　鎌倉へ行き、そして京都へ戻り、たくさんの人々に教化《きょうけ》（＊1）をされたその間に、鎌倉幕府が滅び、建武の新政が行われました。そして後醍醐天皇は、夢窓国師を南禅寺に再住させます。

その後南北朝時代になり、足利尊氏・直義が京都に幕府を開き、後醍醐天皇は吉野へ潜幸して、南朝を樹立します。そういう混乱の時代を、夢窓国師は北条氏、後醍醐天皇、足利氏という三代の政権にわたって、善知識として教えを示され、人々から帰依されたわけです。

暦応二年（一三三九）に後醍醐天皇が吉野で崩御され、天龍寺が創建されます。天龍寺の開堂法要が行われたのが康永《こうえい》四年（一三四五）で夢窓国師が七十一歳のときです。国師は、その六年後の観応二年（一三五一）九月三十日、七十七歳で臨川寺三会院南詢軒《りんせんじさんねいんなんじゅけん》で遷化されました。

今は旧暦の季節に合わせて、一ヵ月遅れの十月三十日に天龍寺開山忌を行います。本山、末寺の和尚さん方や法縁の方々が集まって、開山さんの足跡を偲び法要を営むわけです。

夢窓国師の教え【自然観】

おおまかに、夢窓国師の一生のお話をしましたが、その間に国師は、たくさんの教えを示されました。そこで、夢窓国師の教えを「自然観」と「平等観」と「平和観」という三つの観点からお話ししてみたいと思います。この三つは現代的にも非常に重要な意味を持つ教えだと思います。また、そこには精神文化として、私たちが社会に貢献し誇れる内容が含まれていると思います。外に求めるだけではなくて、自らの内に尊い大切なものを見出していくということは大事なことであろうと思うわけです。

まず、自然を尊重するという教え、「自然観」からお話をしてみたいと思います。夢窓国師は、全国各地、入山されたところに庭をつくられたんですね。京都だけではなく、鎌倉にも夢窓国師作の庭がございます。岐阜の永保寺《えいほうじ》にも夢窓国師がつくられた庭がございます。京都では天龍寺の庭のほか、苔寺、西芳寺の庭がやはり夢窓国師がつくられた庭で、非常に広大な庭の中に、禅の境涯を表現しておられるのが天龍寺の庭、西芳寺の庭であろうと思います。

一体なぜ、夢窓国師は庭をつくられたのか。形ある美しさだけではない、もっと深い心の美しさという目に見えない美しさ、尊いものを伝えようとされたのだと思います。そのための方便として、当時最もふさわしいものとして、庭づくりというものを選ばれたのだろうと思います。

天龍寺の庭、西芳寺の庭、そこには夢窓国師の心や禅の境涯が表されています。その庭づくりについて、夢窓国師みずからの心境を語った文章がございます。

曹源池庭園より大方丈・書院を望む

『夢中問答集《むちゅうもんどうしゅう》』といいまして、国師と足利直義との間に交わされた仏教問答を記録した書物がございます。その中で庭づくりとはどういうものかということについて夢窓国師が直義に答えられた言葉がございますので、ちょっと最初のところを読んでみます。

「あるいは山河大地草木瓦石《さんがだいちそうもくがせき》、皆《みな》是《こ》れ自己の本分なりと信ずる人」。つまり自然というのは利用する対象とか破壊する対象ではなくて、自分たちと本来一なるものであるという。根底的にそこから出発するわけですね。人間だけが特別の存在ではなくて、自然や山水などは我々人間と根底において一なるものであるという、そういう仏教の教えに基づいた庭づくりというものがなされているわけです。

「山河大地、草木瓦石、皆是れ自己の本分であると信ずる人、一旦山水を愛することは世情に似たれ共《ども》、やがてその世情を道心として、泉石《せんせき》草木の四気《しき》（四季）に変わる気色を、工夫とする人あり」とは、山水を好む心情を手だてにして心を清めていく、仏道を究めていくのが道人の山水を愛する模様であるということです。道人というのは仏教修行者のことです。ただ、鑑賞として美しいと言って眺めるのではなく、山水を好む心情を

初夏の曹源池庭園

方便として仏道をきわめていくのが修行者の態度であるということですね。

「然らば即ち、山水を好むは定めて悪事とも言うべからず、善事とも申し難し。山水には得失なし、得失は人の心にあり」と。これは有名な言葉ですね。山水には得失はない、得失は人が、我々が心の中で考えることなんだと。儲けたとか損をしたとか良いとか悪いとかいうのは、我々の分別心であって、山水には分別心はない。むしろ山水から学んでいかなければならないということです。山水を破壊したり利用するという考え方ではなくて、山水から学んでいかなければならないと、教え示しておられます。

こういったことが夢窓国師の庭づくりの心の基本にございまして、天龍寺の庭、曹源池の庭をつくられたときも漢詩の中に「曲岸回塘《きょくがんかいとう》、眼《まなこ》を著《つ》くるをやめよ、夜たけなわにして、月の波心《はしん》に落つるあり」と、こういう美しい詩の一句を詠んでおられます。曹源一滴の心、つまり曹渓《そうけい》という六祖慧能《ろくそえのう》禅師が住んでおられた場所に流れを発する仏法は、更に遡って、インド、中国、日本へ伝わったお釈迦様のこころは、天龍寺にも伝わってきている。そのところを会得するためには、曲岸回塘眼をつくることをやめよと。庭の美しさに目を奪われてはいけない。むしろ何も見えない真夜中に、月が無心に池を照らしている。そこの境涯に気づいてほしいという願いが示されています。無心に月が池を照らし、池が無心に月を受け入れているという無作妙用《むさのみょうゆう》と禅宗ではいいます。そういう無心無欲の働きというものをこの庭に表現したかったんだと思います。形あるものを通して、形なきものの尊厳な世界に目覚めてほしいというのが夢窓国師の願いだったんだろうと思います。

このような国師の山水の教えから現代の自然環境を見ますと、自然に対する我々の態度は学ぶことがたくさんあると思うんですね。現代の自然環境はだんだん変化してきまして、地球を取り巻く環境や自然の摂理が壊されていると思います。

人間が自然を傷つけているのが現代の様相で、異常気象や温暖化というものも天災ではなくて人災ではないかと思うわけです。我々は剃髪しておりますので夏に外を歩いておりますと、頭が灼けるような気がいたします。「灼けるような暑さ」という以前はなかった感覚からも、何かが変化しているような気がいたします。

自然から学び、自然と一体になり、自然を通して自己の本分の世界に目覚めていくという教えは大切な教えではないかと思います。これは伝統文化として次の世代に伝えていかなければならないことでありますし、日本人が世界の人に強調して伝えていかなければならないことだと思うんですね。自然に生かされている、この尊さ、有り難さを自覚して伝えていくということが我々の責任ではないかと思うわけであります。その意味で国師の自然観からは学ぶものが大きいと思います。

夢窓国師の教え【平等観】

「平等観」について言うと、国師は怨親平等《おんしんびょうどう》ということを説かれました。この怨というのは恨み、敵ということです。親というのは親しいもの、味方ですね。それらは根本において平等であるということが平等観の基本にあるわけです。恨む者、親しい者はともに根本において平等、一つであるということこの考え方の中から法を説いていかれまして、真浄界中、怨親なしという、敵も味方もない本分の世界に戻って、平和に和合していかなければならないということを教えられました。

南北朝時代に安国寺利生塔《あんこくじりしょうとう》という、お寺と塔が全国各地六十六国二島に建てられたのでありますけれども、その根本の精神は夢窓国師の教えに基づいていると言います。いろんな目的があったと思いますけれども、仏教的には鎌倉時代末以来の戦没、戦死病者の冥福を祈って国土の平安を祈るというのがその趣旨でありました。「怨類も親類も斉《ひと》しく塵労（煩悩・迷い）を出て、有縁も無縁もともに種智《しゅち》（仏心・仏智）を円《まど》かにせんことを」と、八坂法観寺《ほうかんじ》塔落慶供養法語の中で述べておられます。

八坂の法観寺の五重塔は、足利尊氏によって、山城国《やましろのくに》の利生塔にあてられたわけですけれども、今、お話したように、その慶讃法要《けいさんほうよう》（＊2）の法語の中で、国師は怨親平等のことに触れておられます。この安国ということについて、先代の平田精耕管長がよく「安国寺の安国というのは国を安んずるということである。これは自分の国だけの問題ではなく、全ての国の問題で、敵、味方全ての戦没者を平等にお祀りすることが大切だ。」とおっしゃっていたことを懐かしく思い出します。

これは、敵と味方を分けて考えるのではなく、ともに平等にお祀りするのが我々仏教徒の立場であるという夢窓国師の教えですね。天龍寺の後醍醐天皇の十三回忌の法要の法語の中でも、夢窓国師は、後醍醐天皇の御霊が仏地に至り、怨親平等に人々を導かれますことを、ということをおっしゃっておられます。

怨親平等の中の、この怨みの問題というのは、お釈迦様時代以来の問題なんですね。お釈迦様のころにも戦争がありました。そして、二千五百年後の今日も戦争がずっと続いておるわけです。この怨みの問題については、お釈迦様が法句経《ほっくきょう》・ダンマパダの中で、〝この世において、もろもろの怨みは怨み(かえすこと)によって静まらない、怨まないことによって静まる。これは永遠の真理(ダンマ／法)である〟と核心をついたことをおっしゃっておられます。

これは今に至るまで真理として通用する言葉だと思うんです。それを夢窓国師もずっと仏教の教えの中から受け継いできて、怨親平等ということを説かれたのだと思います。

夢窓国師の教え【平和観】

「平和観」は「平等観」とも繋がっている和合の教えです。夢窓国師は、和を以て貴しとする聖徳太子からの仏法の教えを尊重し、平和ということを時の武将、尊氏や直義に説いておられます。仏法の精神に基づいたものでこそ正しい政道ができるのだとおっしゃっているんですね。聖徳太子を模範として、和を中心とする政治を行わなければならない、ということです。

しかし、夢窓国師晩年に尊氏と直義が兄弟で争う観応の擾乱《じょうらん》が起こりました。両派に分かれて戦争をして、結局直義は鎌倉で亡くなります。そのような争いに対して、夢窓国師が「乱に因りて懐《おもい》を書する（因乱書懐）」という、七言律詩《しちごんりっし》を作って、その争いの間違いを諌《いさ》めておられます。これは深い内容が説かれており、今日でも通用する教えです。律詩とは、一つの詩が八句でできており、一句が七字の詩を七言律詩と言います。

どういうことが書いてあるかというと、一句、二句で「世途今古《せいときんこ》幾たびか窮通《きゅうつう》し（世途今古幾窮通）　万否千臧一空《まんぴせんぞういっくう》に帰する（万否千臧帰一空）」と詠んでいます。

これは、〝人の世のなりゆきは、昔から今に至るまで、何度も困窮して行き詰まったり、通達したりしてきたが、無数の是非善悪の出来事も、結局、最終的には空に帰してしまう。〟ということで、ここで国師は、人間が、本来執着すべきものは何もない、この空《くう》の世界において、ものに執着していることによって、自らを苦しめているありさまを示しておられると思います。

三句、四句で実際の争いのありさまを「傀儡棚頭彼我《かいらいほうとうひが》を論じ（傀儡棚頭論彼我）、蝸牛角上《かぎゅうかくじょう》に英雄闘わす（蝸牛角上闘英雄）」と詠んでいます。

これは、〃お互いに戦うのは結局虚しいことである。例えれば操り人形が舞台の上であいつは悪い、わしはよいというように論じ合うようなものである。狭いカタツムリの両角の上の二つの国が争いをするようなものである。〃と、狭いところでお互い争っているさまを例えをもって表しています。

傀儡棚頭という言葉は、臨済義玄禅師《りんざいぎげんぜんじ》の臨済録の中で使われている言葉を戦争の場面に当てはめて使っているわけです。

結局行き着くところは人間の心の無明《むみょう》の問題ですね。真理に暗い根本的煩悩の問題、そして、私利私欲の問題である。争いの原因が何であるか。突き詰めていくと、結局それは一念無明の感ずるところであると、こういうふうに夢窓国師はおっしゃっています。深い心の闇というものが争いを引き起こしていくのであると。それによってたくさんの人が犠牲になる。

争いを起こす者は結局どうなるか。それが五句、六句の中に書かれているんですね。ちょうどそれは鳥と貝とが言い争っているうちに両者とも漁師に捕らえられてしまったという「鷸蚌《いつぼう》の争い」、『戦国策』の例えです。争う者同士はお互いに傷つき苦しみ、結局、閻魔さんの裁きを受けると。悪いことをした人はその因果の報いを受けなければならない、自分に返ってくるという因果応報です。これは道理であろうと思うんですね。そこに気がつかないところに人間の

庫裏

愚かさがあるのだということを夢窓国師はおっしゃっているのだと思います。そして七句、八句で周の武王が軍馬を華山の南に放ったように、平和になるのはいつの日か。一番良いのは、軍馬の轡《たづな》を覚城の東にとどめることだ、と述べて、人々が仏法の教えに従って、戦をやめ、本分の世界に目覚めて、平和になることを願っておられます。

この戦争と平和について書かれた七言律詩で、恨みの連鎖をとめるには、正しい道理に目覚めるしかないということを示しておられます。

現代、平和というものについて、何をもって平和とするかといろいろな論議があり、いろいろな見方があると思いますけれども、夢窓国師は、仏教の教えに基づいて、人が自らの心の闇に気づくことと、自らの心性に目覚めることによって、争いがなくなり、平和の世の中になることを願っておられると思います。これについては今、人類全体として気づかなければならない、そういう時に至っているのではないかと思うわけでありまして、そこのところに大きな示唆を与えてくれるのがこの漢詩であろうと思うのです。

「天龍寺と夢窓国師」という演題でお話させていただきましたが、本日の話を通してお伝えしたかったことは、物という目に見えるものだけではなく、それらの物を通して脈々と受け継がれてきた心、思いこそが本来の遺産であるということです。

私たち現代人にとって大切なものは何か、本当の豊かさとは何なのか、そういうことについて教え、考えさせてくれるものの一つが天龍寺の庭であり、そこに込められた夢窓国師の教えであろうと思うわけであります。ぜひゆっくりと庭を御覧になり、思いを巡らせていただきたいと思います。

【注釈】

＊1 教化／人を教え導き、また、道徳的、思想的な影響を与えて望ましい方向に進ませること。
＊2 慶讃法要／新たに仏像・経巻・堂塔などが完成したときに行う、喜びたたえる仏事。

臨済宗天龍寺派管長　佐々木容道老大師

一九五三年島根県松江市生まれ。一九七七年広島大学文学部卒業。一九八一年京都大学大学院修士課程修了。一九八四年京都大学大学院博士課程学修、天龍寺専門道場に掛搭。一九九五年天龍寺専門道場師家に就任。二〇〇八年臨済宗天龍寺派管長に就任。

左手前寝殿・右手奥本堂

第十回 聖護院門跡

修験の智慧に問う現代社会

聖護院門跡門主　宮城　泰年

聖護院について

聖護院は、寛治四年(一〇九〇)三井寺の増誉《ぞうよ》上人が、白河上皇を熊野詣にご案内した際に、そのご褒美として、聖を護ったということで聖体護持の二文字をとり聖護院というお寺を賜ったのが始まりであります。

以来、聖護院は大きな火事に何度か遭っています。最初に応仁の乱で焼け、岩倉に移ってから押し込み強盗に放火され、烏丸今出川へ移ると今度は類焼し、延宝四年

（一六七六）ここに戻ってまいりました。古いものはほとんど焼けてしまいましたが、堂にありますご本尊のお不動さんは焼けていないのです。火事やというときに一番先に運び出したのだろうと思います。また、お厨子に入っているお不動さんは、聖護院で一番古く、千年近く前に隠居所の本尊としてあったものです。

鎌倉時代初期に後白河天皇の皇子が宮門跡として入寺され、その後、明治まで三十七代のうち二十五代が皇室からお入りになっております。そして、聖護院の宮という宮家を形成するわけです。その聖護院の宮ができることによって、延宝四年（一六七六）に再建された現在の建物は、お寺というよりも宮様のお住まいのような建て方になっております。大玄関を入ったところから、百五十枚ほどにもなる障壁画が入るなどお寺らしくない部分も、宮様がお住まいになられていたということでご理解いただけると思います。

創建から約八百年後、明治維新があります。近代国家になっていく途上、信仰のうえでは、神仏分離という日本の宗教界にとって大きな変換のときを迎えます。さらにその後、修験道廃止令が出るんです。それによって全国で十七万あった修験の寺ががたがたと崩れていくことになります。聖護院も例外ではなく、当時、二万二千ヵ寺余りあった末寺は、明治維新でたったの五百になるんです。多くのところが農家や神社になりました。各地の仏像は破壊され、破棄され、古文書は焼かれたのです。そのような歴史の大きな事変があったときに、捨てるに忍びない、さりとてもう持ってもいられない仏たちが聖護院へ預けられました。それを客仏と言い、実は、聖護院の大半の仏像がその客仏なのです。

阿弥陀様も毘沙門さんも全部そうしたところから入ってきており、聖護院では、客仏が中心になる宸殿にお祀りしております。

修験道の始まり

聖護院は、修験道、山伏の寺です。修験と言うと何か重々しく聞こえたり、山伏と言うと体育会系の集団のように聞こえたりしますが、決してそうではありません。先ほど申しましたように、明治維新以前は、人口約四千万に対して十七万ほど修験の寺があったんですよ。昔は日本中、山伏の世界であったと言っても過言ではないぐらい、そこらじゅうに山伏がうろうろしておった。日常の世界の中に山伏がいるとお考えいただいたらよいと思います。

山伏は山岳信仰から発生しており、山の神を拝みます。日本は真ん中にずっと山脈が通っていて、山を背骨にしてその下に平地があります。そういう地形の中で修験道は発達していきます。山に神性を求め、山の神に近づこうとしていった人たちが昔はおったんだと考えていただいてよいと思います。

例えば「慈雨《じう》」という言葉があります。順当に降ってくれたときには慈雨になりますけれども、いっときに降りますと、洪水になります。そして雨が降らなかったら干天になります。降り方によって、人々の生活が左右されていました。それらが「山の神の為《な》せる業《わざ》」と理解する原始的な信仰形態があったわけです。天地自然の現象の中に神性を認めていた、その神性の満ち溢れるところである「山」に修験者たちは分け入っていたのです。

山がなぜ神性に満ち溢れているのかと言うと、私たちの祖先は亡くなりますと魂が浄化されて山に上がる、山にはご先祖が住んでいると言われていたからです。また、部落の氏族の神様やご先祖も山へ登りその後、氏神様として地域にまた帰ってこられるとも考えられていました。

その後、仏教が入ってくることによって、山岳の神信仰と融合いたしまして、修験道の教義や信仰形態ができ上がりました。

修験道は、日本の仏教、十三宗五十六派の中に入っていません。なぜならば、日本で独自に発生して、仏教や道教やあるいは儒教などと融合、習合しながら発達してきたものだからです。私自身、仏教徒でもありますが、修験道というのは日本独特のもので、決して仏教一本のものではないんだという認識がございます。

山修行の道程

現在の山修行とはどのようなことをしているのかご紹介します。

例年九月の上旬に大峰山《おおみねさん》で行っています。大峰山は五月三日に山を開ける儀式（戸開け）をしまして、九月二十三日に山を閉める儀式（戸閉）をやるんですけれども、台風さえ来なければ一番歩きやすいのが九月ごろだからです。

京都を出発いたしまして吉野までまいり、吉野川で水垢離《みずごり》をいたします。そこで「父母《ちちはは》の織《お》らに着せたる唐衣《からころも》、今脱ぎ捨つる吉野川上」という歌を詠みます。これは、「お父さん、お母さんのご縁によって私はこの世に生をうけた、しかしながら、そのような人生のしがらみも父母とのご縁も脱ぎ捨てて、これから神の世界、仏の世界に入っていくんだ」と、娑婆世界と別離の覚悟を込めて歌うんですね。

吉野で一泊いたしました後、大体午前二時から三時の間に起床いたしまして、四時に出発いたします。吉野の坂道をどんどんと上っていって、西行法師が住んでおった西行庵なども通り越えて、山上ヶ岳というところへまいります。

山上ヶ岳は、役行者《えんのぎょうじゃ》（＊1）が蔵王権現という修験道を守護する神を感得したと言われる場所です。吉野から約二十五キロメートル歩きますので、到着は二時過ぎごろになります。山道の中には、役行者が千三百年の昔にこしらえた霊所、最近の言葉で言うとパワースポットがあるんです。

表行場《おもてぎょうば》や裏行場《うらぎょうば》、有名な「西の覗き」など、そのパワースポットで一つ一つ丁寧にお勤めをしていきます。

西の覗き

「西の覗き」でのお勤めは、百五十メートルぐらいの谷に体を突き出されて行うもので、今は先達《せんだつ》によってはいろいろ言いますけれども、昔は誰が行ってもそこで言うことは決まっとったんです。

私が山上ヶ岳に初めて行ったのは昭和二十四年（一九四九）で、そのころは「升目《ますめ》秤目正《はかりめただ》しゅうせい、他人の土地をせせるでないぞ」と、こう言うたんです。「ごまかしをしてはならんぞ、人の物を盗むでない、正直に人々にお仕えせせえ、正しゅう生きていけ」というのが教えであったわけです。世の中をどのように生きていくのかということをそのころは教えたのですね。

三日目は、山上ヶ岳から二十五キロメート

ル歩いて、大峰山脈の中で一番高い地域となります弥山《みせん》（千八百九十五メートル）へまいり、そこで一泊いたします。

四日目も二十五キロメートルほど歩きますが、その途中、一番高い八経ヶ岳《はっきょうがたけ》（千九百十七メートル）まで登って、あとは上がり下りしながら下界へ下っていきます。下るのは楽やなというようなものですけれども、決して楽ではございません。もちろん山の森の中は、谷合いや平地など、いろいろなところを通りますけれども、一歩間違えば谷底へ落ちてしまうようなところも通ってまいりますので、心を集中しておりませんと怪我のもとになります。さらに怪我だけではなくて命にかかわることもあります。

十年ほど前の峰入りで、一人の男性が五十メートルほどの谷に落ちたことがあります。幸い命は助かりましたが、約三か月間入院することになりました。このとき、グループ五十人のうち約二十人が救出にかかりました。「貝の緒」というものを腰にぶら下げておりますので、ザイルでそれを巻いて臨時の担架をこしらえて、皆で出発地点の弥山の小屋まで約二時間半ほどの道のりを引き返しました。無線で連絡したレスキューが上がってくるところへ皆でエイヤー、エイヤーと言って降ろしていく、そのような助け合いも山道では大切になります。

このように、二十五キロメートルずつ三日間で七十五キロメートル、吉野へ入る前後に十キロメートルずつなので、大体百キロメートル歩くわけですね。帰りに那智山《なちさん》、新宮《しんぐう》、本宮《ほんぐう》にお参りをして京都へ帰ってまいりますのが六日目ということになります。江戸時代は、京都から大峰に行きますのに往復五十五日をかけていたそうです。

このように山修行では皆お互いにいたわり合い、助け合いながら歩いてまいりまして、最後には本宮の神様の前でお互いに「満行」を喜び合います。

本宮の神様は権現さんです。これは、神様の本体は仏様「本地仏《ほんじぶつ》」であるという考え方で、仏様や菩薩様が神様という仮の姿であらわれているという思想（本地垂迹《ほんじすいじゃく》）で、本宮の本地仏は阿弥陀様で、新宮では薬師如来が本地仏です。

また、本宮は「証誠殿《しょうじょうでん》」と言います。これは、そこまで一生懸命に一致和合しながら修行を積んだあかし、誠を証明して極楽往生することの約束が阿弥陀様から与えられるところということです。

自然が教えてくれること

これまで山修行の概略をお話ししましたが、その中で幾つかのポイントを申し上げております。山を深山幽谷と考えられると感覚がつかめると思います。人里離れたところ、まちの自動車のクラクションも聞こえない、歩いているところは、千メートルを超える山の深い森の中で、木あるいは岩、感じるのは山の中の匂いだけ。秋になりますと鹿が出てまいります。春先になりますとリスなどの小動物がやってまいります。人も歩いているし草も生えている。それを天台では山川草木悉有仏性《さんせんそうもくしつうぶっしょう》と言います。

山も川も草も木も動物も人も岩もみんな一つの自然世界の中を使用させてもろうている。山の中へ入った場合、岩や木、動物は、自分との対象物ではありません。皆、仏性《ぶっしょう》を持っている同じ仲間です。対象というのは、私と別の世界、あっちの世界とこっちの世界と分けることです。しかしひっくるめて言うたら、自分はさっと走っていった鹿と同じ、二つの足で歩いておる動物で、一つの世界の中にいる構成員なんです。修験者にとって自然とは対象の世界ではなく、その中の一員同士なんです。

「対象」と考えてみますと、「自分以外のものと私」ということになります。例えば降って欲しくないときに雨が降ると、雨は私を苦しめるものになる。しかし、それは決してそうじゃない。雨が降ったら、そこにあります物は全て濡れます。私だけが濡れるんじゃないんです。風が吹けば木も必死に耐えておりますし、私どもも必死に耐えながら歩いております。

このように、対象ではなく、本来一体のものと考えるところに山伏の世界の特徴があります。山はご先祖の世界であると同時に、やがて我々もその世界に永住する魂になるかもしれんわけで、山修行では、そのやがて自分の行くかもしれない世界を歩くわけですから、決して対象であってはいけないのですね。

そして「対象」と考えるところには、基本的に差別が生じます。法華経の第五に薬草喩品《やくそうゆほん》というのがありまして、そこには、雨は地面に生えている草に平等満遍なく与えられ、それによって草が育っていく。それは、大地の恵みであり、そこに生えている草というのは皆人間である。そして、雨というのは仏の教えと同じである、仏の救いがそこに満遍なく通ってくるのと同じように、天地自然というものは彼我の区別をしない、そういう世界が書かれています。私たちを差別しない世界がそこにあります。

山を歩いておりますと感じるものがあります。吹いてくる風によって、もうじき雨が降ること、あるいは風の向きや匂いの違いによって、針葉樹の多いところや闊葉樹《かつようじゅ》の多いところの差がわかるんです。また、枝の伸びぶりを見て、こっちが南なんやなというのがわかってくるんですね。我々は何遍も歩いていますから、水が流れているところもわかりますし、谷のほうへ降りていけば水が流れているのは当たり前なんですけれども、それはただ単に地形上水があるところだよという意味じゃなしに、水の匂いがするのです。

このように私たちの目や耳、鼻で嗅ぎ分けながら歩いていく世界というのは、現在私たちが住んでいるところとは五感のはたらきが随分違うんだなということをつくづく感じます。

全ては循環している

大峰山脈を一つの例にとって話しておりますけれども、「靡《なびき》八丁斧入れず」という掟があるんです。これは、大峰山脈の尾根筋に、役行者が定められたパワーポイント七十五カ所に続く靡道の、左右八百メートルは木を切ったらいかんという山伏のご法度です。

明治までこの山脈は大事に育てられ、保存されてきました。つまり、原始林であったわけです。切らないから植えない、自然のままにある。自然のままにあるところに動物も虫も一緒にいる。そういう世界でありますから、なおさらのこと、私どもがここの中を歩いておりますと、昔ながらの香りがしてくるんです。

普段私たちはいろいろな匂いの中で暮らしています。慣れてしもうてるから何ともなしに生きているけれども、山の自然の空気を吸うてきた後は、「何じゃいこれは？」という匂いが町なかに充満しているんです。そのような中で、「私たちの五感はどれほど鍛えられるのかな？」ということを思います。この靡八丁の中を歩いていればこそ、私たちの五感は発達していくんじゃないだろうかということを得るわけです。

先ほど、山伏のご法度・掟と言いましたけれども、掟とは、足の置き方、岩場の確保、体の処し方など全てにおいてちゃんと決まりがありまして、「西の覗き」で体を突き出されることも何を言うかということも掟で、一つ一つの決まりがあり、その決まりをきちんと守ることによって無事に「行《ぎょう》」が行えるのです。「行」を完成させるところに命があるわけですから、完成させなければ命がどこかで失われるかもしれない。掟というのは、山伏が無事に山から出てくるまでの安全を護ることにもつながります。

掟は、先祖代々人々が山を歩き、自然から得た知恵を基本とした山の中の歩き方が先達より私たちに受け伝えられているものです。先達とは、先規《せんき》に通達しているという意味です。先人が自然から得たところの知恵をもって私たちにそれを伝える、先の人たちの教えを受け継いで人に伝えていくことができるのが先達なんです。そして、それは規則ではなく、あくまで掟なんです。その掟というものを私たちは大事にしていかないと間違いが生じるということです。入峰中、仏教や役行者の教えの法談をいたしますけれども、全て法華に従った話で、その中で私たちは少しずつ山伏らしくなっていきます。

ちょっと観点を変えますけれども、このごろ強い者が弱い者に対して無理解な発言をしていくという世態が見られる。同じ地球の人間、同じ靡八丁の人間、同じ山の中の人間、草も木も私も同じ存在やのに、差別するようなことが最近は増えてきているんじゃないだろうかと感じます。つまり、多数と少数、あるいは弱者と強者というものでしょうか。

例えば、山修行において、体力の差ということで弱者と強者になることは大いにあります。歩き始めたら、先達が、足の弱い人は列の前の方へ、丈夫な人は後ろの方へ誘導します。そして、その後ろには必ず屈強な山伏の集団が五、六人おるんです。足の弱い人はだんだん遅れてきますが、どないな遅れた人が出てきても、屈強な山伏たちが荷物も持つし、支えもします。そして弱った人を連れてきちんと山小屋へ到着する。

弱い人を支えていくために、難所をどのようにして通り抜けていくかということが、強い山伏を育てていく一つの経験になるんです。弱者がいることによって、お互いにいたわり合いながら、どのように難所をうまく越えて行くか、そこに山伏の知恵が出てくる。つまり大峰修行の中で、弱い人がおらなければ強い先達は育たんということです。

山に育つ木にしても、私は同じように思うのです。以前、靡八丁の中へ紛れ込んだことがあります。原始林であります。二抱えも三抱えもあるような大きな木が大峰山脈の中にある。大きな木は大きな影を落としておりますし、落ちてくる葉っぱの量も尋常一様な数じゃない、そのような大きな木が茂っているその下で木がちゃんと芽吹いて、しかも伸びていこうとする姿を見せております。まさに寄らば大樹の陰で、そこで育まれている灌木がある、それから蔓性のツタだとかコケがある。そういう世界を見ていると、強者は弱者を育てているんだな、強者のおかげで弱者がそこにあるんだなと。しかし、その弱者がなければ地面の乾きが起こります。湿地帯などがどんどん蒸発していきます。地面に這いつくばった木があることによって土地が潤い、水気が保存され、さらに落ちてきた木々や葉っぱが堆肥になって、また大きな木を育てていく。そういう一つの循環の世界が山の中にはある。命終われば必ず次がある。

その何百年と積もった枯れ葉の下、堆肥になっているところへ足が入ってしまい、抜いたら水がじゅわっと湧き上がってきました。それだけじゃなしに、三十センチメートルほどのミミズも出てきよりました。ミミズ農法というのがあるぐらいなので、ミミズがいるということは、ものすごく栄養分のある土なんですね。そして、イノシシはミミズが大好物、イノシシの糞のおかげで山はまた肥えていく。ここでも常に循環しよるわけです。

ほかにも、リスは冬ごもりをする前にあっちこっちに穴を掘って植物の種を全部そこへ入れて、冬の間それを食べるためですが忘れてしまうところがある。そこからまた木が生えてくる。

そういう自然の循環の中で山が保たれているところを見ますと、循環の世界というのは自然世界だけじゃなしに、私たち生きている人間の共同体の中にも大いにあることなのに、その循環の世界を忘れてはせんだろうか、忘れているが故に、弱者と強者、立場の違う者に対して差別という言葉で出てくるんではないだろうかなということを思うんです。

そういう自分の身の回りにあるものを、山へ入ったときに理屈じゃなしに、感じることができます。

「ああ、このミミズが山を育てている。そして、落ち葉がたくさん積もることによって、水源《すいげん》涵養林《かんようりん》となって水が常に湧き出していく、その水が絶えず下へ流れて川になる。そして、私たちの先祖はその川の水によって育てられてきた」というその循環を感じる世界は、山へ入ってある程度理解ができるようになってきました。

ですから、雨が降っても、風が吹いても、自然の体験の中にあるそれは全部災難やないんです。雨が降るというのは自然の摂理であります。風が吹くのもそうなんです。天災ということをよく言いますし、通り言葉になりますが、天災ではなくて自然の摂理なんだと、自然の営みなんだと、こう考えたら、長雨があっても風が吹いてもそれは許せるんじゃないでしょうか。

自然の中の一員として

地球温暖化に対して手を差し伸べているのが人間社会ですが、一方で温暖化によって台風の発生が多くなる。人間によって育てられている天災という面もあり得ますけれども、昔、台風がなかったかと言ったら決してそうやない。ですから、それは人災ではなく天災でもなく、自然の営みの中に私たちは生きているということなのです。大きな目で見たら私たちも自然の中の一員なんだという理解ができてくるのです。

しかしながら、そうした自然の中の一員でありますけれども、最近は、どんどんと人間は蓄えることを考え、経済の発展を願い、豊かになることを考えて、いろいろな知恵を出すようになりました。そのいろいろな知恵を出す中で、どうしようもできないものがたくさんできてきます。

春になりますと、私たちは友ヶ島の行場を回るんですが、昭和二十年代から三十年代ごろの景色を今思い起こしますと、とてもきれいでした。漂着物も、漁師が持っております網の水球ガラス玉や木など、全部処理できるようなものばかりで、量も少ないものでした。しかし、最近の友ヶ島は、友ヶ島だけに限りませんけれども、集まってくるものがいわゆるプラスチック製品、もう種々雑多です。靴、スリッパ、瓶、発泡スチロールなど、全部押し寄せています。そういうごみを見ましたときに、「生活は便利になっているけれども、私たちはこのごみを生み出すことに協力してはせんだろうか」と思うのです。溢れ返っている漂着物を見ますと、やはり産業の発展というものは私たち修験の世界とはいささか趣を異にするものがあるなということを思います。

そういうごみの中にいれば、五感が鈍くなってくる。さらにそのごみが増えていくように、私たちの生活もまたそのごみに助長されて、欲望が大きくなっていって、あれも欲しい、これも欲しい、これがあれば便利、これがあれば助かる、こういうことになっていくんじゃないのだろうか。欲望の拡大というのは高利便、高能率というものから出てくるだろうと思います。もちろん、利便性の高い社会というものを否定することができない状況になっております。ですが、それをどのように捉えていくかというのは、私たち修験者に課せられた一つの課題ではないだろうかということを思いながら、山の中を歩くわけですね。

気づきと教訓、修行は続く

私自身が山の中を歩き、教えられることがたくさんある中で、大きく教えられたある失敗を申し上げます。

大峰の南部に行きますと大日ヶ岳という大きな山がありまして、そこに鎖が懸かっており、山伏はその鎖を伝っててっぺんに登るんです。頂上は七、八人しか立てないようなところです。普通はこの頂上から山の向こう側へ回り、道に合流するルートなのですが、私は真っすぐ降りたんです。木に掴まれば、草を持っていれば、降りられると考えたんですね。山の裏側を回ったかて、合流する道にたどり着くのに十分か十五分なんですよ。私はその十五分ほどを節約しようと短気を起こしたんです。そうしたら、掴まっていた木がぽきっと折れよった。必死になって草をつかまえたけれども、雨の後やったから滑りよりました。そのまま草は抜けるし、私は転落して気を失いました。ただ、転落していく途中、木が生えとったんですよ。その木が根元のところから二つに分かれていたおかげで、そこに足がひっかかって、逆さ吊りにはなりましたが百五十メートル下の岩場に叩きつけられずに済んだのです。

迂回路をとるということを節約した自分の忙しさ、便利さというものを求めて、何百年もこの道を歩き、先達が伝えてきた掟を守らなかった。やはり掟というのはここにあるわけで、その掟を無視した私は危うく命を落としかけたのです。

ここに幾つもの教えが出てきます。

まず、正しく判断するということ。「行」というのは危険なことをします。しかし、それをクリアしていく

大日ヶ岳の行場

んじゃなしに、命を大事にする、それが「行」なんです。それを無視したがために、私は大きな教訓を得たわけです。何事もやってはいかんと言うことはやったらいかん、押さえていかなならんことはちゃんと押さえていかなならんということです。

転落するところを見た人は「それは神さんが助けてくれたんや、先生、精進よかったんやし、それで助かったんやわ」と、みんなに話しました。そういうところもありますけれども、決してそうやない。では運が良かったのか、それでもないんです。

私は、それこそ「えにし」、縁であると考えます。縁というのは、人知で考えられないことです。「まだあなたは逝ってはいけない、まだやることがある、修験一本の世界の中でまだまだ人に話をしていかなならんし、自信が慢心を呼び、失敗した。それを反省してまだまだ自分自身が修行していかんならん、やることがあるんだよ」ということを教えられたのは、原点へ立ち返るためだったのではないだろうかと思うのです。

昭和二十四年（一九四九）に最初の峰入りをし、昭和三十三年（一九五八）に新聞社を辞めて、その翌日から入った奥駈《おくがけ》で百キロメートルを歩きました。それが最初の奥駈でありますけれども、そのときに覚えた先達の歩き方を見ながら、二十幾歳の私が七十歳ぐらいの先達の歩き方を見て感嘆したことがあります。先達は、上りも下りも同じようなスピードで淡々と歩いていくのです。そのとき私は八ミリカメラを持って、前になり後ろになり記録を撮っていたせいもありますけれども、どうしても先達に追いつくことも、追い越すこともできなかったんです。

聖護院へ帰ってきてからは、大文字山へ毎日のように登って足腰を鍛えて、歩き方というものを身につけて、翌年の大峰の奥駈にまいりました。そのとき、前年と全く違う歩き方ができたのは、先達の歩き方を見た教訓でした。

そのような、一歩一歩進んでいく教訓がありながら、大変な誤りをしてしまったということを思いますときに、大峰の修行というものは死ぬまでが修行なんだ、まだまだ至らんところを勉強しながら行かなならんと思うのです。

転落していくときに何が見えたと思いますか？　私は一旦そこで死んでいるんですよ。というのは、百五十メートルを落ちていく自分を見たのです。気を失うていましたので、そのコマ何秒かもしれませんが、落ちていく私を横から見ているんです。それは、魂が体から一旦抜け出して、見せてくれたんかもしれませんが、そういうような経験から「こうなるところだったんだよ。それをおまえはどう捉まえるのか」ということを教えられたのだと思うのです。何事もどんなことでも勉強の種にしていかなならんということですね。

森羅万象。全ては移り変わりゆく中で、自然と一体であることを五感で実感し、導いてくれる、いろいろなことを教えてくれる、容赦なく叱ってくれる、「山は師」であるとつくづく思う次第であります。死ぬまで山とのつき合いはせんならんな、それが日常に生きていく知恵を与えてくれるんだな、という思いで歩き続けています。

【注釈】

＊1 役行者／七～八世紀に大和を中心に活動していたと思われる、修験道の開祖とされている人物。

聖護院門跡門主　宮城 泰年

一九三一年京都市生まれ。龍谷大学文学部卒業。新聞記者を経て聖護院に勤務、執事長・宗務総長を歴任。二〇〇七年聖護院門跡第五十二代門主・本山修験宗管長に就任。京都仏教会常務理事。

写真：神居 文彰／早朝には行雲も美しい

第十一回平等院
文化が形をもった時

平等院住職　神居 文彰

未来に返す

平等院は、国宝や重要文化財の建造物、美術工芸品が多数残ると同時に、庭園は史跡・名勝にも指定された日本で最も国宝の集積する空間です。歴史的に意味を持ち、なおかつ美しい空間。そこは、現在の開発のように全てを開墾し平地にして、新しいものを建てていくのではなく、当初整備された地面に積層して作り上げられました。逆に言えば、掘っていけば古いもの、いわゆる埋蔵文化財やさまざまな天然記念物が残るということです。

これまで、平等院はさまざまな補修をしてきました。そこには多くの習熟した技術が必要で、例えば、漆芸品の修理では、人間国宝の北村昭斎さんの特化した技が関わります。この「技」は「無形」なるもので、それは人の「営み」にも通じるものです。記録に関しても同様です。

今までは、「有形」なるものである建物やすばらしい絵、彫刻などと、「無形」なるものをどのように守っていくかという視点で保全を進めてきましたが、これからは「有形・無形の文化財をどう活用するか」ということまでさらに考えなければなりません。しかし、活用とは観光に限ったことではないのです。なぜなら観光というものは明らかに消費を伴うものだからです。

文化財を保全・保護しながら、そこに私たちが関わり、守っているものをさらに活用する。そこで重要になるのが、今いるこの場所、文化財として形にあらわされているものと私たちとの関わり方です。この地域、この場所、なぜ京都か、どうして宇治なのか、なぜ平等院なのかということであり、空間・時間的、技術的にどう関わるか。

文化財とは「文化が人格を持ったもの」と私は定義しています。よく「文化財を未来につなげていきましょう」ということが叫ばれますが、それは半分間違いだと私は思っています。なぜなら、私たちは千年前のものを見て、この環境の中でそれと共に生きています。文化財と言われるものは、「千年前」の人のものであり、私たちの今の環境であり、そして「千年後」の人たちのものでもあるのです。例えば、ものを借りたら返すでしょう。であるならば、いま眼の前に見えているこの環境を「千年後」の「未来に返そう」と思って行動することこそ、〝今〟文化財を共有する意味なのです。

平成二十九年(二〇一七)六月、文化・芸術の振興基本法が改正・施行されました。これは観光・まちづくりなども視野に入れて、国際交流、福祉等々を文化・芸術、創造的な活動、さらに人の営みそのものと関係させていくものです。人は訪れる地に「目的」を持って来るものです。どうして、何のために、誰と、どうやって来るのか。歴史に触れたり買い物や食事をしたりなど、目的はさまざまですが、全てそこにいる人との関わりにつながります。そこでいただくお茶、交じ合わす言語、経験、それら全てに関わることを前提に、観光都市である京都に来ていただくことの意味を創造し、私たちは保全に取り組んでいます。

また、平等院は同年新たな取り組みとして一般公開の夜間拝観を始めました。拝観も昼の関わり方と夜の関わり方では、雰囲気や意味をはじめ、違いが感じられます。夜景のため特別な意匠を設定し、使用する機器も新開発しました。これも一つの「創造活用」ですね。

現在だけでなく、明治、大正、昭和の時代にも、多くの外国人が京都を訪れました。入洛された皆さん声を揃えて宿の窓から見た京都は美しいと言ったそうです。自然環境や人の行き来する景観を大切にしている京都は美しい、と。そして今でも京都は多くの人が訪れる場所であると同時に、人をお迎えする空間であり、生活し物を作り出し、生きる場所であり、介護する場所であり、旅人の戻る場所でもあるのです。だから、私たちの今のこの景観は、創造され続けていく景観であり、人の生長に合わせたクリエイティブで、ある意味うつろう景観でなくてはいけないということです。

私たちが眼にするこの瞬間は、目の前に広がる光景が単なる美しさや観光のコンテンツということではなく、過去から現在まで全ての時間が積層しているということにほかなりません。

宇治について

文学や工芸もあり、庭園、魚・動物などを対象にした天然記念物、縄文文化と弥生文化、公家の文化や武家の文化もある。そんな都市が京都、「みやこ」です。しかし、ここ宇治は残念ながら洛外、都ではありません。では宇治は一体どういったところかということを、いくつかある語源から紐解いてみましょう。

まず宇治の由来は、「内《うち》」「外《そと》」の「うち」を意味するものと言われています。南北と東は山に囲まれ、西側はかつて満々とした巨椋池《おぐらいけ》にたたえられた「内側」にあったため「うじ」と呼ぶようになったということです。（宇治市史参照）

私は、宇治川より北と南、内と外という「境界」がまさに古くからの宇治の語源なのではと思っています。ここから変化する、またはここが一つの大きなボーダーになるわけです。それは場所という空間だけではありません。現在でも住まいや自治体、区域によって生活自体が変わる、営みが変われば気持ちだって変わります。言葉が変わることもあります。

もう一つ、「憂《う》し」を語源としていると言われていますが、私は「麗《うるわ》し」ではないかと思っています。例えば、京都市内で雪が降ってくる。先日、氷点下四度になったときがありましたね。しかし、宇治に来ると、一度か二度です。ですから、宇治は昔から別業《べつごう》、別荘地でした。非常に温暖で生活しやすいということで、京都から離れた憩いの場所であり、そこが美しくあり、麗しい場所であるという、そんな場所です。

そこに建つ平等院鳳凰堂とはどんな空間だと思いますか？ 阿弥陀如来、仏がおみえになる、それは救いを与えてくださる命そのものや、命の向こう側からの問いかけと考えられないでしょうか。継承され連続する文化財のスタートとなった千年前、そして千年後。これもそれぞれ「境界」と考えられるのではないでしょうか。この境界、境い目とは、生きている私にとっては「今」、「ここ」が接点です。それが場とのゲート、玄関と考えます。場所とどう結びつくか、時空の向こう側の存在と「私」がどう結びついていくかということを考える場所であると思うのです。

宇治は昔から麗しの美しい場所であると同時に、都の巽《たつみ》と百人一首で詠われています。「たつみ」とは辰と巳の方角、すなわち南東を指す言葉です。

宇治は、日常生活する場所と異なる場所ですから、中期の古墳を含めてさまざまな古墳が存在する墓所でもありました。言わば、ここは別業という遊びどころ＝テーマパークと墓地、霊園が一体になったようなところです。今私たちそのもののこの命が輝いていく、そんな場であると同時に、私たちの今と以前のいのちとが共存する場、私たちのこの命は父母がいないとあり得ない、これも自他の境界です。続いている命というものは切り離すことができないでしょう。いつから、どうしてここに来たのか、境界であり連続するもの、そしてそれは私自身のことであっても思いどおりにならないものです。

文化財とは、境界であり結合していく空間の表現、平等院で言えばお墓と遊びどころが一つの「場」であると思うのです。

また、宇治には白川という奥座敷があり、その中心を走る道などは非常に上品な曲線を持っています。かつて藤原頼通の娘、寛子らがそこに住まわれており、ほかの旧都や荘園等々と同じ雅さがあり美しい広がりを持ちます。新幹線で滋賀県辺りの車窓から、きれいだと思ったところを調べると、やはり旧都の荘園であったりして、そのような美意識がここにもうかがえます。王朝の文化というものは常に上品なのです。

平等院鳳凰堂

春秋の彼岸中日には鳳凰堂の正中線が東西になります。クフ王のピラミッドでも二度ほどずれていると言われていますが、鳳凰堂のずれは〇・〇〇〇一度なので、ほとんど東西です。ですから、年に二回、太陽が真正面から昇り、真後ろに沈んでいくのです。

私はかれこれ三十年近く、いろいろな鳳凰堂を未来に返すため、そして、そこに関わるこの環境を「未来の人のもの」と思って活動してきました。

平成二十四年(二〇一二)から平等院鳳凰堂の修理(＊1)を始めていますが、「本当にしてかまわないのか」、「枯れている状態が良いのではないか」という意見もありました。しかし、あるものをそのまま活用するのではなく、これらをメンテナスしないと未来へ返すことはできません。私たちが現状を維持、残していくために修理をせざるを得なかったのです。そのためにどういった修理をするのかという計画や設計、お参りに来る人も含めて拝観全てを守りたいという思いや先々へのつながりというそれぞれの関わり方、言わば未来への関わり方を大切にしました。そこには材料も実際行う技術者も設計者も技能者も事務官も必要です。思いがあるからこそ目前のものは「物」であってモノではないのです。

文化財、これを守っていくこと、そのための環境、それを未来にお返しするのが今生きる者の使命ではないでしょうか。

秋は平等院鳳凰堂周囲のもみじが真っ赤に色づきます。これはカエデの老廃物でしかないのですが、私たちはこれを美しいと感じる。これが人です。人の営みです。

「守護」という言葉があります。両字とも「まもる」と読みますが、「守」のほうは物をそのままにしておくことです。だから、収集とか保管も「守る」ということになります。「護」のほうは、物がどういう状態にあるかを把握するということです。「まもる」場合によっては現状を変えないといけないこともあります。だから、私たちは物を把握する調査をすることから始めています。まもるということは、すなわち未来にお返しする創造的な営みでもあるわけです。

そのようなことに関わる中で、私は「常見」と「断見」という言葉を思い出します。いつまでもそのまま(常見)だということはないでしょう。しかし、なくなってしまうのか(断見)と言うと、そうではないはずです。例えば、皆さんの顔に大体六兆ぐらいの細胞があります。これは分裂を繰り返して約三十日で入れ替わります。皆さん、一月前の顔と今違いますか？　同じでしょう。でも、細胞は入れ替わっているので、変わっているのです。例えば鳳凰堂も千年間変わらないと言っていますが、木材は修理の際、腐ったところには現在の材を入れ替え、平成の技術者と平成の顔料、今の水を使っているわけで、実は変わっているのです。でも変わっていない。

平成二十四年(二〇一二)から行われた修理は、一本三百キログラムもの丸太を五千本使い、平等院鳳凰堂全体を覆って行われました。このような修理は、鳳凰堂の歴史千年の中で初めてのことです。ユネスコ世界遺産四十周年の記念会合でいらした方々も修理の風景をご覧になられましたが、修理そのものよりこの周囲の木組について皆さん大変興味を持たれていました。

かつて、平等院そのものをうたうわらべ唄が京都のまちの中で広がっていました。「極楽いぶかしくは、宇治の御寺をうやまへ」というもので、極楽とか浄土を疑ったり、本当だろうかと疑問に思ったりしたら、宇治のお寺（平等院）に来て拝んでみると信じ直すことができると言っているのですね。この中で極楽とか天国に行ったことのある人はいないでしょうが、どうしてここに来て拝むと信じ直すことができるのでしょう。それは、この環境や被造物、何かを表現したい、いのちそのものを創造して守っていこうとする意思や行動を感じ、受け取ることができるからではないでしょうか。

平等院はお寺です。仏を信じる宗教の場所、私というものがいて、私が何を信じるかという願いとそれを信じていくこと、行じていくこと、場合によってそれは儀礼や結縁にもなります。

儀礼と言えば、宇治に関係の深いお茶は、儀礼（作法）と対話、そして誰かに差し上げたいという思いで成立します。岡倉天心は「一椀の中に宇宙あり」と言いました。たった一杯のお茶は、四百年前と今同じことをしても同じではありません。しかし、そのとき一番良いものを喫して頂くことに変わりはありません。宇治茶もそうです。宇治は産地表示から言うと、宇治市域の茶畑から「宇治茶」として産地表示し販売するには面積が不足しているので本来表示が難しいのですが、歴史的につながりのある優良な茶葉を一部使用し、独特の宇治茶製法で製茶したものを「宇治茶」として表示しています。すなわち、歴史的ブレンド能力を有するのです。

平等院山内の重要文化財・養林庵書院は、一つの空間に書院と仏間、茶室という三つの異なる要素を持っています。茶室で最も古いと言われているのが利休の待庵《たいあん》ですが、それと同時期の板欄間等を有する複合施設です。お茶道具ができ、そこで人がどのようにお茶を楽しむのかという多様な要素をもつ空間が、千年続く平等院には残っているのです。

景観をまもる

明治のころ、平等院の周辺はお茶畑でした。それが今から七十年ほど前の昭和十九年（一九四四）戦争中の食料増産に向けて畑に変わり、その後住宅などに変わってしまいました。かつて、非常に水と近しい親和性のある場所で、明治天皇もお泊まりになり、夏目漱石などが定宿とした宿もありました。このように自然や景観は常に変わっていきます。そことどうやって共に生きていくかということは、私たちが生きている営み自体と関係しています。そしてこれは、鳳凰堂や庭園その他と接合する非常に重要な設計概念なのです。

平等院鳳凰堂をつくった藤原頼通の次男橘俊綱《たちばなのとしつな》は、『作庭記』で自然と自身の対応を「乞《こ》はんに従う」という言葉で表しています。これは、お庭の景石《けいせき》や水の流れなどは、ここへ配置したら美しいと私が思って設置するのではなく、神か仏か、人よりも大きな何かに従い置くべきところに置かせていただいているという考え方で、これによって庭園という空間がつくられていきました。

かつて世界遺産が制定されたころ、自然遺産というのはグランドキャニオンのような広大で手が加えられていないもの、文化遺産はピラミッドや万里の長城のような巨大建造物で圧倒されるようなものが中心でした。しかし今は違います。日本庭園がその良い例です。手を加えて造られていくものと自然が一体化しているのです。

また、フランスにはフュゾー規制と言って、歴史的眺望を保護するために景観的阻害となる建物や看板を視野内に入れないということをしています。

平成六年(一九九四)平等院が世界遺産に登録された後、マンションが二棟建ちました。住空間が悪いわけではありません。開発がいけないということではないのです。しかし、先ほど言いました春分の日と秋分の日に太陽が鳳凰堂の真正面から上り、背中に沈んでいくときに、最近までは何も阻害するものがなかった空間に人工物が見えてしまうのです。

私たちは借景という言葉を使います。この借景という言葉は、宇治、京都のみならず、私たちにとっては非常になじみのある概念です。庭園の境界から向こう側の景色を美しいと認識する、そんな感性です。沈んでいく太陽、それを契機として、私の命と他者が一体なぜここにいるのかということを想起させるもの。言ってみれば、私の所有を超えた向こう側の景色を美しいと感じられる、そんなすばらしい感性でしょう。

現在は、大きな楠を植栽して目線を散らし隠すようにしています。ただ、これは本来の形ではありません。この先、数十棟乱立したら大変なことですね。宇治ではそういったことがおこらないように新しい形で守るべきものの空間を条例などを制定し実現するようにしています。

ところで、吉田初三郎という鳥瞰図絵師がいます。彼の描く鳥瞰図は私たちが習ってきた透視図法とは違い、本来見えないものでもそこにあることに意味があれば、描くということをしています。そしてこんな解説があります。「かつて日本人はいついかなる場合によっても祖先崇拝」、言ってみれば、私の命とは私の命の前の命であるという思いを持っており、「神という存在」、この神はGODではなく精霊のようなものを指し、風であったり、水波の音であったり、そこから感じられるものを「忘れたことがない」、それを描き込むことが私たちの景観だと。

このことを私たちはよく知っています。これを大切に伝えているでしょう、私たちは。京都は。日本は。私たちの生きている命と関わるのがこの景観です。このような形での文化的な景観、いわゆる営み、人が生きて生活していて産業も含めたものを文化財だとし、これまでの点や物だけでなく生命の営みすらもそこに反映させた文化の「人格」としての継続を考えた活動を進めていかなくてはなりません。

明日のための今日という日

本日は「明日の京都講座」ということですが、明日とは明日の人のためのものであると私は思います。しかし、明日は今日がなければありえません。それでは今日とは一体いつのことでしょう。百歳のおばあちゃんにも、生まれたばかりの赤ちゃんでも誰にとっても今日は初めての日です。そして、一回しかありません。今日があって初めて明日がある。私たちはこの「今」という環境を未来に返していく。

今日集まっていただいた皆さんは平等院の千年の歴史の大切な一ページを紡いでくださっていることは間違いないと思います。

鳳凰堂の対岸からは中堂に窓があいていることに気が付きます。古くからこの窓は仏様が私たちを見るための窓と伝えられています。ということは、仏はこの窓からこの庭や人々・文化・生活を見てくださっているということです。その仏も〝文化財〟として守り、人々の手により未来につながっていきます。

最後に宇治橋のことをお話ししたいと思います。日本三名橋の一つであり、最も古い橋と言われ、そこには三の間（＊2）があります。ここに立つと、冬至の日、川の真ん中から見える山々の重なりの谷間から太陽が昇ります。その発想はお伊勢様にもあります。尊い人のことを聖《ひじり》と言うでしょう。聖というのは日を知る、太陽の運行も含めてこの環境をよく知っているということです。

初めに話しました夜間の景観は千年前では見ることができなかったものです。もっと淡い月の光で拝んでいた。今だからこそ出会うことのできるものなのです。

今やらなくてはいけないことの多くは、未来の人のために、明日のために今日という日があるという想いから、現在生きる私たちでこれからも守り伝えてまいりましょう。

【注釈】

＊1　平等院鳳凰堂の修理／「国宝平等院鳳凰堂平成修理」は平成二十四年（二〇一二）着工、平成二十六年（二〇一四）竣工。

＊2　三の間／宇治橋特有のもので、橋の西詰から三つ目の柱間に設けられた上流側に張り出した部分。豊臣秀吉がお茶のための水をくみ上げた場所とも言われている。

平等院住職　神居 文彰

一九六二年愛知県生まれ。一九九一年大正大学大学院博士後期課程満期退学。一九九三年より現職。（公財）美術院監事、（独法）国立文化財機構運営委員、（学）埼玉工業大学理事ほか。約三十年平等院のさまざまな修理に携わる。

［鼎談］文化と環境

平等院住職　神居 文彰
京都府宇治市長　山本 正
明日の京都
文化遺産プラットフォーム会長　松浦 晃一郎

松浦　明日の京都会長、松浦でございます。神居住職、ご講演ありがとうございました。

さて、平成二十四年（二〇一二）に、ユネスコが京都で開催した世界遺産条約採択四十周年記念の最終会合では「京都ビジョン」が取りまとめられました。京都ビジョンとは、京都のさまざまな文化遺産を大事に保全し、さらには活用していくためにつくられたもので、先ほどご住職のお話にもありましたが、世界遺産をしっかり保全するための財源確保・人材育成・成功事例の共有と持続可能な世界遺産の保存のためには地域社会の役割が非常に重要であるということを一番のポイントとして強く訴えています。

今日お集まりいただいた皆さんは、平等院の中でも鳳凰堂の保全ということに非常に関心をお持ちだと思います。同時に、日本の方だけではなく、外国の方にもこの千年の歴史を持つ平等院の意義をしっかり認識していただくということが重要です。それがまさに平等院を活用することになるわけですけれども、そういうことの重要性を

山本　神居住職からお話しいただき、大変うれしく思いました。

宇治市長の山本でございます。文化財の保存、活用というテーマのもと、神居住職の貴重なお話をありがたく伺いました。いつも真正面から仏さんを拝んでいますが、今、仏さんを後ろにしてお尻を向けるなんて、今日は夜寝られへんのやないかと思っています。

それはさておき、宇治には、宇治上神社と平等院の二つの世界遺産と十一件の重要文化財に指定された建造物がございます。人口十九万弱の都市に世界遺産が二つというのは非常に光栄なことです。しかし先ほどご住職のお話にありましたように、平成七年（一九九五）に鳳凰堂の後ろ側に約四十七メートルの高層マンションの計画が相次いで二棟持ち上がり、その後建設されました。それまでは文化財の保存とはその施設を保存することだけで、環境、景観という視点が不足していました。

平等院が平成六年（一九九四）に「古都京都の文化財」として世界遺産に登録され、平成八年（一九九六）、平成九年（一九九七）に高層マンションが建設。これはえらいこっちゃなと。つまり、市民も行政も本当にその認識や意識が薄い、あるいは認識がなかったと言われても仕方がなかった。そのような反省から、現在は文化財保護と景観保全やまちづくりを連動して、文化財の周辺環境保全に取り組んでおります。

文化財をただ守るだけではなく、景観を含めた周辺環境を磨いて、将来・未来に渡していく、そのような大きな役割のためには税金を少々かけても、しっかり守ることが宇治市の一つの歴史的な使命ではないかという思いで、市長として一生懸命今取り組ませていただいております。

松浦　世界遺産条約が成立したのは昭和四十七年（一九七二）ですが、日本が世界遺産条約体制に参加したのは、条約が成立した二十年後の平成四年（一九九二）です。その翌年の平成五年（一九九三）に、文化遺産として法隆寺地域の仏教建造物と姫路城の二件と、自然遺産として屋久島と白神山地の二件、合わせて四件の世界遺産を一気に誕生させ、平成六年（一九九四）に古都京都の文化財が世界遺産に登録されました。ユネスコの見地から申し上げますが、最初の段階では、世界遺産になった物件、例えば平等院であれば千年前に築かれた鳳凰堂をしっかり保全していくというように本体の保全に重点を置いていました。

しかし現在は、本体の保全だけではなく景観、まさに今日のテーマでもございます文化と景観、平等院の本体の建物をだけを保全するだけでは不十分で、それを遠くから見たときの景観をしっかり保全することも重要となってきたということで、ユネスコの考えもだんだん進化してまいりました。

世界遺産登録にあたっては、イコモスという世界各国の文化遺産の専門家集団が事前に専門的な見地から審査いたします。平成六年（一九九四）に京都が世界遺産に登録されたときの報告書を読んでみますと、景観にはそれほど重点が置かれてないのですが、唯一、二条城の近くに建つホテルが二条城の景観を乱していると指摘されていました。

平等院について言えば、この四十七メートルのマンションが、平成六年（一九九四）以前に建設されていれば、鳳凰堂の景観を非常に害していますので二条城の近くに建つホテル以上に当時のイコモスから問題視さることになっただろうと私は思います。

最後に一付け加えさせていただきます。私がユネスコの事務局長時代に京都の「銀閣寺の景観を守る会」という有志の会から手紙をいただいたことがあります。

京都の銀閣寺は今申し上げた「古都京都の文化財」十七の構成資産の一つで、銀閣寺の本体の庭から見える森まではバッファーゾーンです。手紙には、バッファーゾーンの外にマンションを建てるという構想ができ、そのマンションが完成すれば、銀閣寺の森の上に大きな高さの建物が見えるようになると書かれていました。私は大変驚いて、すぐ日本政府に紹介方々問題点を指摘したところ、やはりこれは京都市としても建設を認めるべきではない、とマンション建築は撤回されました。

繰り返しとなりますが世界遺産になっている本体をしっかりした形で真正性を維持する、それが根幹にありますけれども、それだけでは不十分で、遠くから見たときの全体の景観ももとのまましっかり維持していくということが重要になってきたということであります。

ちょっと長くコメントいたしましたけれども、以上の点を踏まえて、ご住職から是非もう一度お話をお願いいたします。

神居

山本市長、松浦会長からそれぞれご解説と想いをお伝えいただきました。お集まりの皆さんも恐らく文化財の保全や保護をしていくということについて理解をしていただいていると思いますが、実際、観光の方々が来られて、実生活でお困りになっていることもあるはずです。定期バスが来ない、渋滞で車が動かない、買い物に行こうと思ってもずらっと並んでいるなど。文化財の活用とは何なのか、一体なぜ守らなくてはならないのか、どうして保全に税金を使わなければいけないのかなど、皆さんお考えになっていると思います。

そしてどこの自治体も財政難ですから、保全のための新規事業をやめるということを論議されているところは多くあり、実際新規事業をやめてしまうこともあります。もちろん京都の中でもかなりございます。しかし、実際一定の新規事業で、例えば保全、景観等々の保護をしておくと、二年後三年後、四年後五年後、逆にお金がかからないこともあるのです。税金の使い方は一つの例ですが、多分皆さんはそれらが目に見えるようなわかりやすい形で、見せてほしいと思っているのではないでしょうか。

文化財をなぜ守らなければいけないのか。私から言えば、これらは「命」にかかわる、自分たちの生存にかかわる大切なものであるから保全しようということを思っています。社会はいつか変わります。

文化財というものは、所有者だけのものではありません。「共有財」です。共有財というのは、私とあなたの共有財だけではなく、時代をまたいだ過去の人のものであり、未来の人のものでもあるのです。だから、守らなくてはいけない。そして所有者は責任を持った保全をしなくてはいけない。ということは、この時代にかかわっている私たちは、それをどうやって保全するかということを自分たちの共有財として考えなくてはならないと思っています。共有財としてなぜ守らなくてはいけないかということを含めて、今、保全・保護をしておくと、メリットなども目に見えてわかるような形で行政が進めていただければ嬉しいと思います。

松浦　神居住職、山本市長、ありがとうございました。次に、本日は今回のテーマに非常に関心のある方々にお越しいただいているので、皆様方からコメントやご質問を受けて、それにお答えする形でまた議論を続けたいと思います。手を挙げていただいて、質問していただけるとありがたいのですが、どなたか口火を切っていただけますか。

質問　下鴨神社境内のマンション建設が問題になって裁判もありましたが、反対運動がなぜ盛り上がらなかったのかが気になります。

松浦　本日は行政からも参加者がおりますので、今の質問にお答えいただきましょう。

参加者　私は、京都府で文化財の保護に携わっている職員でございます。別に弁護するわけではありませんけれども、下鴨神社さん自身も大分いろいろなことを検討されたうえでのことでした。今回マンションを建てる場所は、昔はバッティングセンターがあったり、一時、産業廃棄物の置き場になっていたりした場所です。そういうところを、どういう形で今後維持していくか議論され、その一つの方向として、確か五十年間の定期借地権という形で一時的に貸し出して、その間の収入をこれからの大きなお祭りごとにお使いになるという一つの選択肢としてあったものだと思います。ですから、一面的に捉えるのではなく、多方面からの考え方の中で成り立っていると聞いております。答えになったかどうかわかりませんけれども、そんな状況もあるということでございます。

松浦　今のような問題提起があるのは、非常にうれしく思います。下鴨神社のマンション問題とは別にして、一般論で言えば、地域住民の方が問題意識をしっかり持って、そういう構想が出てきたらその問題点を事前に指摘して状況によってはそれを阻止する、ということは非常に重要、また可能であると私は思っています。

山本　京都市長ではありませんので、下鴨神社のことはちょっと置かせてもらいますけれども、宇治市の歴史的風致維持向上計画に基づく取り組みについてお話しさせていただきます。

日々、宇治橋周辺などで開発計画が出てきています。中でも宇治には、二子山古墳《ふたごやまこふん》がありまして、古墳の周辺で開発が計画されており、今のままですと、法的には開発を許可しなければいけなくなります。それにより、二子山古墳自体は守れるけれども、それ以外の周辺環境は守れないということになります。したがって、文化庁に二子山古墳とその付近全体を史跡・名勝指定してもらえないかと働きかけています。史跡・名勝指定となれば文化庁から史跡・名勝保全に対する補助を八割いただくということも可能になってきます。しかし、宇治市の税金から残りの二割要るわけです。財政面から言えば開発も必要となるわけです。すばらしい景観を守ってもらう、そういうことと開発、その両方をバランスよくどうしていくかということで今悩んでおります。文化財や景観を国がいろいろな法律で保護し、地域と協力をしていくという状況が、十年、二十年前と全く違っていますので、住民の皆さんと厳しい財政でも一緒にお金を払ってでもこの史跡・名勝を守ろうねという、こういう気概を持ってやることも大事やなと思っていますので、もう少しかかりますけれども、開発を阻止できる可能性を導き出しているということです。

質問

京都は社家町のほうも伝建地域と言いまして、伝統建造物の保存地域です。一応現状は守られていますが、一軒当たりの坪数が大きいので、相続問題における税金対策などで今後も維持できるのかが非常に気になります。また、川が流れていて橋が狭いもので、自分の家にガレージが造れないなど、そういう不便さをいろいろ聞きます。今、年金生活の方がものすごく多いので、現実問題として、いつまでもこういう状況は続けていくことができないのではと思っています。その辺りは国などが保存に力を入れてやっていただけるものなのでしょうか。

松浦　私は先ほど、地域社会の重要性についてお話しさせていただきましたけれども、同時に、あるいはそれ以上に国がしっかり問題意識を持って、地域社会を支援しなければいけないと思っています。以前「明日の京都」では、文化庁を京都に移転しましょう、という提言をさせていただきました。

そのときに主催したフォーラムで申し上げたのは、日本の文化関係の予算が世界的に見て非常に低いレベルであるということです。文化関係に力を入れているのは何と言ってもフランスですね。フランスは一九六〇年代に有名なアンドレ・マルロー文化大臣が提唱して、国家予算の一パーセントを文化予算に充てています。ただ、一パーセントをちょっと切ってはいるので〇・九パーセントぐらいです。一方、日本は国家予算の〇・一五パーセントが文化予算となります。

また、以前の政権ですけれども、韓国でも国家予算の〇・九パーセントを文化に充てています。それでも当時の韓国議会の文化委員会の委員長はまだまだ少ないので一

神居　パーセントまで持っていきたいと言っていました。日本ももっと国家予算に文化関係の予算を増やすべきだと思うのですが、日本の財政難の状況から、なかなか主張しにくいという点があります。しかしながら、そういう現状にあるということは、ぜひ皆さんも認識していただければと思います。

ご質問を聞いて、本日お集まりの皆さんは非常に問題意識が高く、そして、文化財を含めてどうすればよいかということを真剣にお考えいただいていると思いました。そう思いますと、やはりどうも文化財や文化行政に関して、または文化関係条文等々の情報が正しく国民に提供しきれていないのではという思いがあります。

例えば高松塚の古墳遺跡の修理は十年かけて九割が終わりました。残り一割ですが、その一割が最も難しいところです。しかしそれを継続していかない限り失われてしまいます。失われたら戻すことができないということは、九割終わったから良かったと思うわけではなくて、逆に最も大変なところに差しかかりどのように処置していくのか、そういった情報なども正しく伝えきれていないのではないかという思いがあります。また、修理は終了した日からメンテナンスの始まりであるという視点も忘れてはなりません。

山本　先ほどのご意見なんですけれども、従来は、文化財は、その史跡、施設だけ守れば良かった。しかし、今は景観もそうですし、社家町や町屋など全体を総合的に見ていこうということで自治体も悩み、守るための制度をつくっていこうとしています。そのような中で京都市は、町屋を取り壊す際の事前届け出制を進めておられる唯一の市です。

町屋を固定資産税やあるいは相続税・譲与税などの、税制の問題を含めてどのように守っていくのか。事前届け出制であれば、勝手に潰してはいけませんので、潰すまでの間に行政から守るためのさまざまな提案をしていく、例えばいろいろな税制上の措置あるいは税金を入れて残していく、そうすることでまちづくりのための施策も展開できる、こういうことだと思うのですが、なかなかそこまで全ての法が整備されているとは言えません。したがって、税制あるいは文化庁や国交省との施策連携をさらに密にする、このようなことが今後の課題だと思いますし、何とかしてまち全体を景観も含めて守っていくことが文化財や世界遺産を守ることにつながる、そういう見方を市民が共有し、市長が動きやすいような環境を続けてもらったらよいと思うのです。

文化や歴史など、まちづくりの基本であるものは、残すものとしてしっかり残していく、それが私たちの役割だし、次の世代に引き継ぐ仕事だと、これは常に私が申し上げていることです。

この文化財、文化、歴史的な景観を守ることは、宇治市のいわゆる強みを守ることにつながり、その時々の市民が文化的な深みを勉強する学習の場でもあると私は思っています。

質問　最近では毎年のように、日本の文化遺産が世界遺産に登録されています。一方では、世界遺産に登録当初は観光客が何十万人も訪れたけれども今は半分になったということもあるそうです。今、世界遺産に登録する地域は、本来あるべき目的の未来につなぐというよりは、財政問題を解決する一つの手段として観光振興を目的としているのではないかという気がしてなりません。

松浦　安倍内閣（＊1）が力を入れている地方創生という点から申し上げると、本来経済が中核ですけれども、なかなか経済だけでは不十分で、文化をもう一つの柱にしたいという地方が増えています。そのとき、今おっしゃられたように、文化を柱にするということは、文化はお金がかかるわけで、必ずしもすぐお金を生むわけではありません。今のお金を生む、という点から言えば観光ですけれども、私は観光を主目的に世界遺産に登録するというのは、賛成ではありません。先ほどから繰り返し申し上げているように、世界遺産に登録するということは、祖先から引き継いできた大事な文化遺産をしっかり保全して、再度の活用、その活用の中に当然観光が入ってよいのですけれども、それを次の世代につないでいくというところに重点がある。ですから、そういう見地から本当に地元社会がこれを世界遺産にしたい、というところに焦点を当てるべきです。

現在登録を目指している物件は、少なくとも地方自治体および地域社会の責任としてはしっかり意識したうえで、私どもに意見を求めてきていると思っています。ですから、観光が主たる目的であるということは、私自身は賛成ではないし、現に私が接している限りはそのようには感じません。

例えば、富士山が世界遺産に登録されて今年で五周年（＊1）になりますけれども、富士山は、登山する人は三十万人とうんと絞れと言われています。かつ絞ったうえで、ごみを落としたりさせないようにしっかり周知しなければいけない。さらに、周辺に二千万人ぐらい観光客が訪れますが、その観光客に対してもかなり厳しくしていますから、富士山が登録されたことによって、観光客が無造作に増えるのではなくて、むしろ観光客に厳しいふるまいを求めるというようになっています。そういう意味では地元は非常に今喜んでいます。

ですから、繰り返しになりますけれども、観光を主たる目的に世界遺産に登録するというのは私は賛成できないし、そういう目的であれば私としてもしっかり協力できないと思っています。

神居　世界遺産だけではなく、文化財そのものに対しても観光コンテンツを「目的」とする動きというのは非常に警戒すべきだと思います。やはり保全・保護する、人類が歴史上の人類としてある以上、それを大切にしていかなくてはいけないものであり、手を加えないと失われるということを踏まえて修理やメンテナンスを考え、ただショーや観光という目的のためだけに文化財を活用するというのは、やはり私はいただけないと思っています。

山本　私も同じ考えです。やはり観光と言う前に文化なのです。そして、単に入り込み客数を増やすだけではなく、リピーターが増えるということが文化観光の成果なのだと思います。ご住職のお話の中で、平等院の平成の大改修のときの大工さんや漆のお話があったと思いますけれども、そういう営みそのものが文化であり、そういう脈々と続いてきた歴史の営みも一緒に見なあかんわけです。宇治の場合、平成の大改修をされたときは確かに観光客が三百九十万人にへこみましたけれども、現在（＊1）五百五十九万人の入り込み客数、ヨーロッパの人も来ておられます。

一つだけ宣伝させてもろたら、古都京都の文化遺産の中でも平安時代の建物は、ごくわずかで、そのうち宇治市には宇治上神社と平等院の二つが残っています。文化を大事にしながら、それを観光にも活用しようというのは、ある意味まちづくりの政策であるものの、その根幹をなすものは何なのかということはずっとご住職さんがお話しされていることに尽きるのではないでしょうか。我々も観光だけをやっているように見られないように、改めてこういう意見を十分踏まえて頑張りたいと思います。ありがとうございました。

松浦　今、会場から寄せられました三つ質問をお伺いして、皆様方がしっかり問題意識を持っていらっしゃるので、非常に嬉しく思いました。

冒頭お話しましたとおり平成二十四年（二〇一二）採択された京都ビジョンでは、世界遺産を登録する前の過程において、世界遺産に登録された後の保全、活用において、地域社会の役割を検討したものです。同時に、今日いろいろ指摘されたように、国の責任というのは非常に重要ですから、やはり国と自治体、地域社会が提携して、世界遺産に登録されても、あるいは世界遺産登録を目指していても、もっと広く言えば、私どもが祖先から引き継いだ重要な文化遺産、それがどれだけ偉大な文化遺産であるのかしっかり理解し、保全、活用し、次の世代につないでいく。そのために地域と関係者がしっかり連携していく必要があるということが今日の結論だったと思いますので、それを締めとさせていただいて、この鼎談を終わります。

本日は皆さん、お越しいただき大変ありがとうございました。

【注釈】

＊1　開催当時、平成三十年（二〇一八）

平等院住職　神居 文彰

一九六二年愛知県生まれ。一九九一年大正大学大学院博士後期課程満期退学。一九九三年より現職。（公財）美術院監事、（独法）国立文化財機構運営委員、（学）埼玉工業大学理事ほか。約三十年平等院のさまざまな修理に携わる。

京都府宇治市長　山本 正

一九六三年関西電力株式会社入社。一九八七年宇治市議会議員（三期）。一九九九年京都府議会議員（四期）。二〇一二年京都府宇治市長（二期）、城南衛生管理組合管理者。

明日の京都 文化遺産プラットフォーム会長　松浦 晃一郎

一九三七年生まれ。一九五九年外務省入省。経済協力局長、北米局長、外務審議官、駐仏大使を経て、一九六八年世界遺産委員会議長、一九九九〜二〇〇九年ユネスコ事務局長。二〇一一年立命館大学より学術博士号取得。現在はアフリカ協会会長、株式会社パソナグループ顧問など。

大沢池

第十二回　大覚寺

嵯峨天皇様の大御心と大覚寺

大覚寺執行　竹原　善生

「嵯峨」という名の由来

大覚寺は、もと嵯峨天皇様の離宮嵯峨院でありました。嵯峨院が造営されたとされる弘仁元年（八一〇）に、第一皇子である正良《まさら》皇子（後の仁明《にんみょう》天皇）が誕生されております。その嵯峨天皇様の別荘、離宮であったというのが大覚寺の前身でございます。大覚寺というお寺になりますのは、それからおよそ八十年近く後のことです。

嵯峨天皇様、嵯峨院、嵯峨御所、嵯峨野などこれらの嵯峨という名前がいつごろから呼ばれていたのか、「嵯峨」という名前の由来についてお話ししたいと思います。

まず最初に、嵯峨天皇様について。何々天皇というのは崩御された後、あるいは、ご譲位なされた後のおくりな（諡号《しごう》）であります。ですから、嵯峨天皇というおくりなは、早くても弘仁十四年（八二三）にご譲位なされた後に呼ばれるようになったお名前であります。

一方、嵯峨院というのは、弘仁元年（八一〇）嵯峨天皇様が離宮をおつくりになられたときに、嵯峨院あるいは嵯峨山院と名づけられたということでございます。

次に嵯峨御所という呼び名について。

厳密に御所と言いますと、天皇もしくは、上皇、三后、皇子が日常的にお住まいになる場所を言います。しかし、嵯峨天皇様の時代は離宮でございましたので、当時、嵯峨御所という名称ではなかったわけですし、御所とも呼ばれていなかったと思われます。

ではいつごろ嵯峨御所となったのかと申しますと、文永五年（一二六八）後宇多《ごうだ》天皇様が、現役の天皇でありながら落飾《らくしょく》（＊1）をされ門跡となりここに住しました。ですから、後宇多法皇の時代、ここは確かに嵯峨御所であったわけです。このことから、旧嵯峨御所という呼び方を大覚寺の正式名称に使わせていただいております。

最後に、地名としての嵯峨野です。この辺りは当時、大山田と呼ばれていたそうです。いつごろから嵯峨野と言うようになったのか定かではありませんが、地名としては、元慶五年（八八〇）

陽成《ようぜい》天皇様の時代、清和上皇様が水尾のお寺を建立されるときに、しばらく嵯峨栖霞観《さがせいかかん》に移られた、という記述が歴史書に出てまいります。

この嵯峨栖霞観というのは、光源氏のモデルとされております、源融《みなもとのとおる》（嵯峨天皇様の皇子）の山荘で、今の清涼寺《せいりょうじ》さんのことです。

今挙げた嵯峨天皇様、嵯峨院、嵯峨御所、嵯峨野の中で一番古くから使われていたのは嵯峨院ということになります。ではなぜ嵯峨という名称をつけられたのかと言うと、「嵯峨」は、険しい山という意味ですが、この辺りは、さほど険しい山がある場所でもありません。一説では、当時の唐の都、長安の北西約二十キロメートルの郊外に嵯峨山《さつがさん》（サツガ山）という峻厳《しゅんげん》な山がそびえていて、そこにちなんで名前を用いたと言われています。そうだとすると、山荘に唐の山の名前を用いることを言上した人がいたのではないでしょうか。それは、唐の都にそのような山があることを知っていた人物、唐から帰国したばかりの弘法大師様であると、私どもは考えたいわけであります。

嵯峨天皇様と空海弘法大師様とのかかわり

弘法大師様が遣唐使の留学僧として唐へ渡られたのが延暦二十三年（八〇四）のことであります。その翌年、唐の青龍寺、恵果和尚を訪ねて真言密教の奥義を伝えられ、さらに翌年の延暦二十五年（八〇六）三月に長安を出発され、十月博多に到着されます。滞在わずか二年足らず、真言密教をお師僧様（恵果和尚）から授けていただいたのは正味一年もないわけであります。

日本では、弘法大師様が長安を出発された翌月の四月九日、桓武天皇様のご長男、平城天皇様が即位をされ、元号が大同に改元されます。

博多に到着された弘法大師様は、十月二十二日付で『請来目録』を朝廷に提出されました。これは、中国で学び持ち帰られたさまざまな経典、論疏《ろんしょ》（＊2）、仏画、仏像、仏具など一式の目録です。それを説明するための文章の中に、「空海、闕期《けつご》の罪、死して余りありといえども、ひそかに喜ぶ得がたき法を生きて請来《しょうらい》せることを」ということが書かれています。「闕期の罪」の「闕」とは「欠ける」という意味です。当時留学僧というのは、中国において二十年の期間さまざまな勉強をして帰国することとなっておりましたが、弘法大師様はわずか二年足らずで帰ってこられました。そのことを指して「闕期の罪」と表現されたのです。しかし、「国を鎮め、人を利する宝である真言密教というものを生きて持って帰ることができました」と続けています。

弘法大師様は、この闕期の罪によって京の都へ入ることは許されず、博多から太宰府に約二年間とどめ置かれます。

大同四年（八〇九）、平城天皇様はわずか三年でご退位され、五月十八日に嵯峨天皇様が即位されます。その七月の太政官符《だじょうかんぷ》（＊3）によって弘法大師様は入京され、高雄山神護寺《たかおさんじんごじ》に入られます。嵯峨天皇様によって直ちにお許しが出たということです。

これが弘法大師様と嵯峨天皇様とのかかわりの始まりと言えます。

日本で初めて五大明王が祀られた五覚院

弘法大師様は、嵯峨天皇様が離宮をおつくりになられるときに、嵯峨という名前を言上されたほか、離宮の中に五大明王を祀る五覚院というお堂をつくることも勧められました。

当時、五大明王、いわゆるお不動さんを中心にした忿怒《ふんぬ》の明王という仏様は、日本のどこにも祀られていませんでしたし、知られてもいませんでした。ですから、この大覚寺の前身である嵯峨院は日本で最初に五大明王を祀った場所であり、有名な東寺さんの立体曼荼羅よりも早いと言えるのです。

先ほど申しましたが、密教とは「国を鎮め、人を利するの宝」の教えです。嵯峨天皇様も国を鎮め、人々を幸せにするという天皇のお役を担っておられたので、この教えは正にご自身の一つの願いでもおありになったわけです。

今も大覚寺の本尊様は五大明王でありますが、残念ながら、現存しております五大明王は当時のものではありません。大覚寺には、五大明王が三組いらっしゃいます。一番古いのは平安時代後期、二代目は室町時代、そして一部は江戸時代に入ってからと時代はバラバラですが、初代、二代とも宝物館にお祀りさせていただいております。三代目は昭和の時代に、時の大仏師である松久朋琳《まつひさほうりん》・宗琳《そうりん》親子の手によって、平安時代後期の五大明王を摸刻されたもので、現在本堂である五大堂にお祀りをさせていただいております。

献納品と贈呈品から見る弘法大師様と嵯峨天皇様の関係

弘法大師様は嵯峨天皇様へさまざまな品を献納されており、それらは『遍照発揮性霊集《へんじょうほっきしょうりょうしゅう》』に書かれている上奏文から読み解くことができます。『遍照発揮性霊集』とは、弘法大師様の漢詩文を、弟子の真済《しんぜい》が集成したもので、個人の文集としては日本最古と言われています。

この中から上奏文を含めて七つご紹介します。

一つ目は、『勅賜《ちょくし》の世説《せせつ》の屛風書し畢《おわ》って献ずるの表』。

これは、弘法大師様が入京されてすぐ後の十月に献納された屛風に添えられた上奏文です。屛風には、五世紀初頭、中国の南北朝時代の宋の皇族劉義慶《りゅうぎけい》が編纂《へんさん》した『世説新語《せせつしんご》』の中から選んだ秀文が弘法大師様によって書かれています。

二つ目は、弘仁二年(八一一)六月二十七日付『劉希夷が集を書して献納する表』。

これは、中国唐時代の詩人、劉希夷《りゅうきい》の詩集四巻を書写したものです。嵯峨天皇様は漢文学の造旨が深く、書の達人でもありましたから、弘法大師様の書の才能というものをご承知のうえで献上しなさいと命じたのです。

三つ目は、同年八月、『雑書迹《ざつしょせき》を奉献する状』という上奏文を添えて十部の書跡を奉献されています。

四つ目は、弘仁三年（八一二）六月七日付『筆を奉献する表』。

これは、嵯峨天皇様が中国で使われているさまざまな筆を求められ、弘法大師様がそれに応じて筆職人につくらせた、狸毛《たたげ》の筆四管、真書用の筆、行書用の筆、草書用の筆、書写の筆一本を献納したものです。その際、唐で会得した各種の書体や手本を下に置いてなぞる「模書」や傍らに置いて書く「臨書」なども嵯峨天皇様へお伝えしています。

五つ目は、同年七月二十九日付『雑文を献ずるの表』。

この奏上文では、文字の教科書や詩集の内容とともに「昨日嵯峨天皇様のご信任を承って探し出して献上いたします」というようなことも合わせて申し述べておられます。

六つ目は、弘仁七年（八一六）八月十五日付『勅賜《ちょくし》の屏風を書し了《おえ》て即ち献ずるの表ならびに詩』。

奏上文には、「六月二十七日、宮中役人で役職が主殿助《とのものすけ》の布勢海《ふせのあま》が、呉の国の綾衣、錦の縁取りをした五尺の屏風を持って神護寺を訪ね、弘法大師様に二巻の古今の詩人の秀句を書かせよ」という嵯峨天皇様のご命令を伝えたことが記されています。そして、その命令に対して「ただ、筆と墨を浪費して高貴な屏風を汚しました。おそれおののき心臓が飛び出すような思いです」と書いています。その後に、中国古代の伝説的な皇帝のお名前を引用して「嵯峨天皇様の徳は光を発し、葵の花が自ら光に向かうがごとく自分もまた嵯峨天皇様の徳に感激している」ということそして「山に向かって筆をとって、いろいろな景色、風物に触れながら、感興《かんきょう》の起こってくるまま、心が自然と呼応して吟詠した十韻の詩を後に付け加えたことと、その罪過を御慈悲をもってお許し下さい」と続け「この上ない幸せであることと、謹んで屛風に秀句を書き進上すること」、最後に「軽々しくも嵯峨天皇様がご覧になることでお目を汚してしまい、冷や汗を流す思いでございます。沙門空海謹んで申し上げます」と結んでいます。嵯峨天皇様を本当に尊敬しておられるお心があらわれているような表現ではないかとも思います。

七つ目は『柑子《かんし》を献ずる表』。

これは、弘法大師様が長岡京市の乙訓寺《おとくにでら》のご住職に入られたことがあり、弘仁二年（八一一）と三年（八一二）の二年間、そこに実った小さなミカンを小箱に六つ、大きなミカンを小箱に四つ献上すると書いてあります。

逆に嵯峨天皇様から弘法大師様への贈呈品もございました。弘仁五年（八一四）三月、約十五キログラムの綿に『綿を贈り、空法師《くうほっし》に寄《き》す』と題した、七言詩を添えて贈られています。

閑僧久住雲中嶺「閑僧《かんそう》久しく住《じゅう》す、雲中の嶺」

遥想深山春尚寒「遥かに想う、深山の春尚寒からん」

松柏料知甚静黙［松柏料《しょうはくはか》り知んぬ、甚《はなは》だ静黙《せいもく》ならん］
煙霞不解幾年**飡**［煙霞解《えんかかい》せず、幾年《いくねん》か飡《さん》す］
禅関近日消息断［禅関、近日消息断え］
京邑如今花柳**寛**［京邑如今花柳寛《けいゆういましかりゅうゆたか》なり］
菩薩莫嫌此軽贈［菩薩、嫌う莫《なか》れ、この軽贈《けいぞう》］
為救施者世間**難**［為に救え、施者世間《せしゃせけん》の難］（凌雲集）

嵯峨天皇

七言詩の内容は、「高雄山に住む空海のことを遥かに想っている」。今の大覚寺と神護寺との間ですので、さほど遠くはないのですが、当時の嵯峨天皇様のお気持ちとしては、はるかな場所だったということでもありましょう。そして、「長い年月による、山の中の景色ははかり知れないけれども、非常に静かなものなのであろう。山水の美しい景色は、わからないけれども、何年かあなたは食事をそこでとっておられるのでしょう。静寂の境地の中に入られて、ここ最近、その消息をうかがうことはありません。こちらではもう春を迎えようとして豊かな景色が広がりつつあります。ささやかな贈り物を届けます。世間の難を救え」と、こうおっしゃっておられます。

嵯峨天皇様は、天皇というお立場で世間の人々あるいは世の中、いろいろな情勢、人々の苦難、そういったことにも心を留めておられるわけであります。

最後の「為に救え、施者世間の難」という言葉は、弘法大師様に、ご自身の気持ちを伝え、そして、助けを求めていると言ったら言い過ぎかもしれませんが、そういうお心を示されたお言葉だったのではないでしょうか。

この贈呈品と七言詩への返信は、『百屯《ひゃくとん》（＊4）の綿と兼ねて七言の詩とを恩賜せらるるを謝し奉る詩一首』と題して七言詩で書かれています。

方袍苦行雲山裏「方袍《ほうほう》苦行す、雲山の裏《うち》」
風雪無情春夜**寒**「風雪、情無くして春の夜寒し」
五綴持錫観妙法「五綴錫《ごていしゃく》を持《じ》して、妙法を観《かん》ず」
六年羅衣啜蔬**飡**「六年、羅衣《らい》して、蔬飡《そさん》を啜《くら》う」
日與月與丹精盡「日と與《とも》に、月と與に、丹精を盡《つく》す」
覆瓫今見堯日**寛**「覆瓫《ふくぼん》、今、堯日《ぎょうじつ》の寛《ゆたか》なるを見る」
諸佛威護一子愛「諸佛《しょぶつ》、威護《いご》して一子《いっし》の愛あり」
何須惆悵人間**難**「何《な》んぞ、人間の難を、惆悵《ちゅうちょう》することを須《もち》いん」（性霊集巻第三）

その内容は「春の夜、こちらの方は無情な風雪が身にこたえてまだ寒いです。錫杖《しゃくじょう》を持って仏法を念じ托鉢をして六年、粗末な衣と粗末な食事の簡素な生活をしております。こんな自分でも嵯峨天皇様の御代になって、世はもうまさに日の当たるごとく豊かであるようにうかがい知るところであります」と書かれています。

そして、ご自身の抱えている心の内というものを吐露され、一つの救いを述べられた嵯峨天皇様へ、「世間の難ということに対する弘法大師様のお考えを続けています。「人々の苦しみというものに心痛めることがありましょうか。なぜなら、母が一人子を大切に思うように、諸仏は世間の人々のことを護念《ごねん》し救ってくださいます。ですから、どうぞ嵯峨天皇様、お心を痛めることはございません」と真言密教の教えに基づいた信仰、お考えというものをもって、返書にしたためられておられるのであります。

弘法大師様の七言詩の「**寒・滄・寛・難**」は、嵯峨天皇様の七言詩と同じ場所で同じ韻を使って返書をつくられております。いかに弘法大師様がこういった文章にも長じていらっしゃったかということが伺えます。

このやりとりは、弘仁九年（八一八）に嵯峨天皇様の御写経ということにも関係してまいります。

弘仁九年の御写経

嵯峨天皇様が般若心経を写経された経緯は、日本紀略の弘仁九年（八一八）四月二十三日の条から読み解くことができます。

ここには「前年から続く日照り、干ばつによって秋の収穫がなく、この春の苗植えも種つけも絶望の状態であります。このことは、自身の不徳であって、百姓、民、万民に何の罪があろうか」と記述されています。そして、ご自身は公卿《くぎょう》（＊5）百官《ひゃっかん》（＊6）、家臣の人たちと質素な生活を送られたとされております。

日照り、干ばつ、そして飢饉、さらに疫病が蔓延をする、そんな大変な状況に嵯峨天皇様は心を痛められ、世間の難を救いたいという思いに対して、弘法大師様が嵯峨天皇様に般若心経の写経を勧められたわけです。そのときお書きになられた般若心経が今も大覚寺に祀られており、六十年に一度開封されます。

般若心経は、既に奈良の時代に伝えられていた経典であり、解釈や理解も進んでいたので、嵯峨天皇様もご存知でありましたが、敢えてご説明を求められたので、弘法大師様は宮中に上がり般若心経のご講説申し上げました。その場面のお姿が剣を持った弘法大師様のお姿であり「秘鍵《ひけん》大師」として、『弘法大師行状図絵』などにも描かれております。その像は大覚寺の御影堂にも安置されています。そして、弘法大師様は般若心経についての宮中でお説きになられた解説を、後に『般若心経秘鍵』として著されました。

秘鍵大師

弘法大師様は般若心経についての解説をなされるのに、それまでとは全く違うご説明をなさいます。般若心経とは空の教えが説いてある、あるいは、あらゆる仏教の精髄、要点をまとめ、本文二百六十二文字、そこに全ての仏教を要約したものが集約されているお経である、そんな理解を多くの方が持っていらっしゃると思います。確かに般若心経の経文の中には、空の教えも当時のあらゆる仏教の教えというものも含まれております。しかし、それらは最後の「羯諦羯諦《ギャーテーギャーテー》波羅羯諦波羅僧羯諦菩提娑婆訶《ハーラーギャーテーハラソーギャーテーボージーソワカ》」、このご真言に集約されるものであると弘法大師様はご説明されました。

「羯諦羯諦波羅羯諦波羅僧羯諦菩提娑婆訶」は漢訳されず、サンスクリット語そのままを表したご真言であります。

経典は、サンスクリット語やパーリ語などインドの原典が中国へ伝えられ漢文に翻訳されて、それが日本に伝わっているものです。有名な玄奘三蔵が持ち帰られたこの般若心経もその翻訳された一つに違いはありません。しかし、翻訳するにあたって訳さなかった部分が多く含まれています。「般若」や「波羅蜜多」もそうです。「羯諦羯諦」は、ご真言ですから訳さずそのままです。「阿耨多羅三藐三菩提《アノクタラサンミャクサンボダイ》」も訳されておりません。これらは、訳せなかったのではなく、訳さなかったのです。その訳していない音写部分の「羯諦羯諦」、これこそが般若心経の力なのです。ここが最も大切な般若心経の秘めた力そのものであります。私ども真言宗は、こうしたご真言を唱えるということを非常に重視する宗旨であります。私たちが修行時代、今もそうですけれども、お勤めに際して、いろいろな仏様のご真言というものを唱えます。通常でしたら三回、七回などですが、何百回あるいは何千回と唱えることもあります。それだけ真言を唱えるということを大切にする宗旨であります。意味もわからない呪文のような言葉をただひたすら念ずるわけです。何でそんなことをと思われるかもしれませんが、それが力なのです。真言そのものが力なのです。それを繰り返し繰り返し唱える。そこにまた信仰上の意味もあります。

弘法大師様が宮中で講説された般若心経の内容とは、そういったこれまで誰も語ってこなかった秘めた力を初めて説き明かされたわけであります。言ってみれば「秘鍵」、つまり今まで知られていなかった秘密の鍵がそこで開かれ、今まで知られていなかった般若心経の力というものが発揮されたわけであります。そのことによって、弘仁九年（八一八）の状況は好転してゆくことになります。苦しんでいた方たちは次第に回復をする。そして、その大変な状況は改善に向かってゆく。言ってみれば、嵯峨天皇様の願いを込めた般若心経、写経による功徳力によってその願いが叶ったわけであります。

奇跡が起きた理由は三つあります。一つは、嵯峨天皇様の写経という行為による功徳の力。次に、仏菩薩のご加護による力。これは当然の力だと言えます。最後に、般若心経そのものの力です。

この奇跡が起きたという出来事によって、後に人々の中に大きな信仰というものが生まれていくことになります。それは般若心経に対する信仰と、写経をするということに対する信仰であります。

戊辰開封法会

大覚寺では、人々の信仰が生まれるもとになった、嵯峨天皇様がお書きになられた般若心経を霊経と崇め、勅封《ちょくふう》として秘蔵することになります。勅封とは、天皇の勅命によって封印され、そしてまた開封されることです。

この霊経は、暦が一回りする六十年に一度ご開封されます。嵯峨天皇様が写経された弘仁九年(八一八)の干支は「戊戌《つちのえいぬ》」でした。音読みで「ぼじゅつ」と言いますけれども、六十年に一度めぐるこの戊戌《ぼじゅつ》の年に、嵯峨天皇様の般若心経をご開封して、嵯峨天皇様が人々の幸せと世の平安を祈られたその大御心を「今の祈り」としています。

六十年に一度の大覚寺に伝わる大行事であり、ちょうど二十回目、千二百年目が平成三十年(二〇一八)の戊戌歳でありました。そのご開封の期間中、皇太子殿下、秋篠宮殿下、紀子妃殿下、三笠宮寛仁親王妃信子殿下とご長女の彬子女王、高円宮妃久子殿下、ご結婚前の絢子女王と多くの宮様が行啓《ぎょうけい》、お成りになられました。皇太子殿下は、約三時間、霊宝館の中で直接、嵯峨天皇様の般若心経をご覧になりました。

嵯峨天皇様が写経されたことに倣《なら》われて、後に五柱の天皇様も般若心経を写経され、この大覚寺に同じく勅封されて、六十年に一度あわせてご開封されます。その六柱の天皇様の般若心経を皇太子殿下がご覧になられました。これは本当にありがたいことでありましたし、陛下とならられるにあたって、歴代のお心に触れられたという意味合いも非常に重いものだと思っているところでございます。

嵯峨天皇様の大御心を一言で言えば、人々の幸せと世の平安を祈るということです。今上陛下が平成二十八年（二〇一六）八月八日にご退位の御心を示された放送の中で「天皇の務めとして、何よりもまず国民の安寧と幸せを祈ることを大切に考えてきましたが、同時に事にあたっては、時として人々の傍らに立ち、その声に耳を傾け、思いに寄り添うことも大切なことと考えてきました」と述べられました。これは今上陛下の御心であります。

また、皇太子殿下が平成二十九年（二〇一七）二月二十一日のお誕生日の記者会見のとき、嵯峨天皇様や歴代天皇様のことにも触れられ、「私自身、こうした先人のなさりようを心にとどめ、国民を思い、国民のために祈るとともに、両陛下がまさになさっておられるように、国民に常に寄り添い、人々とともに喜び、ともに悲しむということを続けていきたいと思います」と述べていらっしゃいます。嵯峨天皇様の大御心は、今の陛下も皇太子殿下も、しっかりとその御心にとめていらっしゃることがうかがえようかと思っております。

弘法大師様の御教えということでありますけれども、真言密教の教えを今日ここでお話しすることは叶いません。しかし、嵯峨天皇様に般若心経写経を勧められたときの弘法大師様の祈り、あるいは嵯峨天皇様より綿を贈られたときの「諸仏威護して一子の愛あり」と返信された弘法大師様の思いから、その一端をうかがい知ることができようかと思います。

旧嵯峨御所　大本山　大覚寺

嵯峨天皇様が願いとされた護国平安を祈る道場を、嵯峨院という離宮の姿でつくられ、鎮護国家を祈る本尊として日本で最初に五大明王を祀られ、後に清和天皇様の勅により大覚寺となりました。嵯峨天皇様が崩御されたのが承和九年（八四二）、大覚寺として勅許《ちょっきょ》が下されたのが貞観十八年（八七六）のことであります。

以来大覚寺は、嵯峨天皇様が写経に込められた人々の幸せと世の平安を祈る御心を守り伝える寺であり、嵯峨天皇様が写経された特別な般若心経を勅封され祀る寺であり、六十年に一度めぐる戊戌の年に勅封を解き、人々の幸せと世の平安を祈る法会儀式を千二百年守り伝える寺であります。

大覚寺は、嵯峨天皇様の御心と弘法大師様の御教えの祈りが原点にあり、今に息づくお寺であるのです。

※皇族の呼称は当講座開催時（平成三十年）のものとします。

【注釈】

＊1 落飾／高貴な方が髪をそり落として仏門に入ること。落髪。
＊2 論疏／経典や教えに対する注釈論書。
＊3 太政官符／律令制による国家最高機関から発せられる命令文書。
＊4 百屯／一屯は四十匁。四十匁は約百五十グラムなので約十五キログラム。
＊5 公卿／公と卿の総称。公は、太政大臣・左大臣・右大臣。卿は大納言・中納言・参議および三位以上の朝官。
＊6 百官／数多くの役人。

大覚寺執行　竹原 善生

一九五九年広島生まれ。高野山大学密教学科卒業。一九八六年福山市胎蔵寺住職。二〇一六年真言宗大覚寺派教務部長、大覚寺教務担当執行、嵯峨御流華道総司所理事、嵯峨美術大学理事。

平安京を充実させた天皇

明日の京都
文化遺産プラットフォーム副会長
村井　康彦

【プロフィール】
国際日本文化研究センター名誉教授・滋賀県立大学名誉教授。文学博士。京都女子大学・国際日本文化研究センター・滋賀県立大学各教授、京都造形芸術大学大学院長、京都市歴史資料館・京都市美術館各館長、公益財団法人京都市芸術文化協会理事長を歴任。

嵯峨天皇と空海が、普通の書簡の形ではなく漢詩でお互いの気持ちを述べ合ったというお話。敢えて言葉を限ることによって、かえって言葉の中に思いが凝縮されるものだということを、竹原さんのお話を聞いて改めて感じました。本日はご講演有難うございました。

閉会のご挨拶を申し上げる機会を利用させていただき、ぜひ申し添えておきたいと思うことがあります。嵯峨天皇の業績についてです。

嵯峨天皇の時代は、平安京、京都の歴史を考えるうえでも大変大事な時期です。その前の父親の桓武天皇によって長岡京遷都を経て平安京遷都・造都が行われています。私はその両方をまとめて「山背(城)遷都」という言い方ができるのではないかと思っております。

桓武天皇は、遷都とは天下草創の事業であるという位置付けをしており、これを強力に推進いたしました。その結果どういうことになったかと言えば、平城京から貴族がごっそり山城の平安京に移り、大げさな言い方をしますと奈良盆地には貴族はいなくなった。飛鳥・奈良時代を通して我が国の古代国家の骨格ができ、貴族社会というものも生まれてきたわけですが、その貴族が成熟し貴族文化が育ったのは京都だったのです。寺院文化、仏教文化は奈良で育ちました。しかし、貴族文化は京都のものだったと言っても過言ではないと思います。そしてその貴族文化、あるいは広く平安文化というものの基礎がつくられたのが、実はその子供でありますが嵯峨天皇のときなのです。

大同五年（八一〇）、「薬子《くすこ》の変」で嵯峨天皇の兄に当たる平城上皇のときに、平安京を捨てて奈良へ戻れという、平城還都令とも言うべきものが出されましたが、機先を制した嵯峨天皇方に抑えられたことによって、平城還都は実現しませんでした。薬子は服毒自殺を遂げ、平城上皇は落飾して平城京に戻り、そこで生涯を終えます。

平安新京ができて二代目の天皇がなぜ「平城（奈良）」の天皇なのか。平安時代になりますと、関わりのある場所をもってそのおくり名とすることが目立つようになります。平城天皇という名は、奈良で生涯を終えられたことによるものです。そして平安京は、この「薬子の変」でかえって安定したのでした。

平安の王朝文化を語るときに、よく出てくる場所は「清涼殿」ですが、天皇の居所として清涼殿を造りましたのは嵯峨天皇です。その場所は、仁寿殿《じじゅうでん》の西にあります。もともと天皇の日常居所は仁寿殿でしたから、これにより以後の天皇は仁寿殿と清涼殿を交互に用いるようになります。古い時代の「歴代遷宮」が「宮内遷宮」という形で復活したわけですが、大事な点は清涼殿や紫宸殿《ししんでん》などの内裏が政治の主な場になったことで、これより文化の和風化（いわゆる国風文化）が育つ要因になったのです。

ところで内裏のうちに仁寿殿の北には承香殿《しょうきょうでん》という後宮《こうきゅう》（＊1）の建物がありましたが、その承香殿を含む「後宮十二殿舎」と呼ばれたキサキたちの住まいを整備したのも嵯峨天皇のときです。後宮には皇后・妃・夫人・嬪《ひん》という律令《りつりょう》で決められた妃たちが住みましたが、桓武天皇や嵯峨天皇の「内寵」が盛んだったことから、キサキが多数にのぼったからです。「いづれの御時《おおんとき》にか、女御《にょうご》、更衣《こうい》あまた候ひ云々」と称された「女御・更衣」の制度を定めたのも嵯峨天皇のときです。生まれた皇子女も五十人にのぼったことから、そのうちの三十二人に源氏の姓を与えて臣籍に下げています。「賜姓源氏」の始まりです。

また、それまでは譲位した上皇の居所は正式に定められていませんでした。そういうことも「薬子の変」の一つの理由にもなったと思われることから、それに配慮して、嵯峨天皇は上皇の御所として大内裏の南東に「冷泉院」、南の方に「朱雀院」という建物を建てました。これを「後院《ごいん》」と称しています。

ちなみに、嵯峨天皇も譲位後、冷泉院に十一年間皇后と一緒に住んでいますが、その間は「冷泉の院」と呼ばれています。同じ上皇でも朱雀院で生活したら、その間は「朱雀の院」と言います。つまり、後院に住んだ上皇は、どなたでも住んだ後院の名で呼ばれたのです。したがって後院の名で呼ぶのは、特定する言い方ではなく、むしろ朧《おぼろ》にする言い方であったのです。

そういえば『源氏物語』において帝の名前がその冷泉院と朱雀院であったのは、紫式部が歴史を大変よく知っていたということのあらわれだと思います。特定の人物ではないのですよ、ということを暗に言っていると理解してよいと思います。

そのほかにも、嵯峨天皇代には「薬子の変」のときに「蔵人頭《くらうどのとう》（＊2）」が置かれ、また賀茂社に斎王が置かれて「紫野斎院《むらさきのさいいん》」と呼ばれたことはよく知られるところでしょう。

このように見てきますと、王朝時代を彩ったいろいろな場所、行事その他が、実は嵯峨天皇のときに、全てとは言いませんけれどもほぼ用意されていたと言ってよいのです。桓武天皇による平安遷都＝造都の後、平安京を充実させ王朝文化の環境を整えた天皇こそ、嵯峨天皇であったのです。

【注釈】

＊1 後宮／皇后や妃などが住む宮中奥向きの宮殿。

＊2 蔵人頭／天皇と天皇家に関する私的な要件の処理や宮中の物資の調達や警備などを司る蔵人所《くろうどどころ》の長官。

明日の京都講座　開催一覧

	開催日	会場	所在地
第1回	平成23年　8月27日	賀茂別雷神社／勅使殿	京都市北区上賀茂本山339
第2回	平成23年　9月11日	清水寺／円通殿	京都市東山区清水1丁目294
第3回	平成24年　2月18日	教王護国寺／客殿	京都市南区九条町1
第4回	平成24年　3月10日	醍醐寺／霊宝館	京都市伏見区醍醐東大路町22
第5回	平成24年11月　3日	二条城／二の丸御殿台所	京都市中京区二条城町541
第6回	平成24年12月　8日	賀茂御祖神社／直会殿	京都市左京区下鴨泉川町59
第7回	平成25年12月14日	仁和寺／御室会館大広間	京都市右京区御室大内33
第8回	平成26年　3月　8日	慈照寺／銀閣寺書院	京都市左京区銀閣寺町2
第9回	平成27年10月　3日	天龍寺／友雲庵	京都市右京区嵯峨天龍寺芒ノ馬場町68
第10回	平成29年　3月　3日	聖護院門跡／大仏間	京都市左京区聖護院中町15
第11回	平成30年　1月19日	平等院／浄土院本堂	宇治市宇治蓮華116
第12回	平成31年　2月19日	大覚寺／嵯峨寮	京都市右京区嵯峨大沢町4

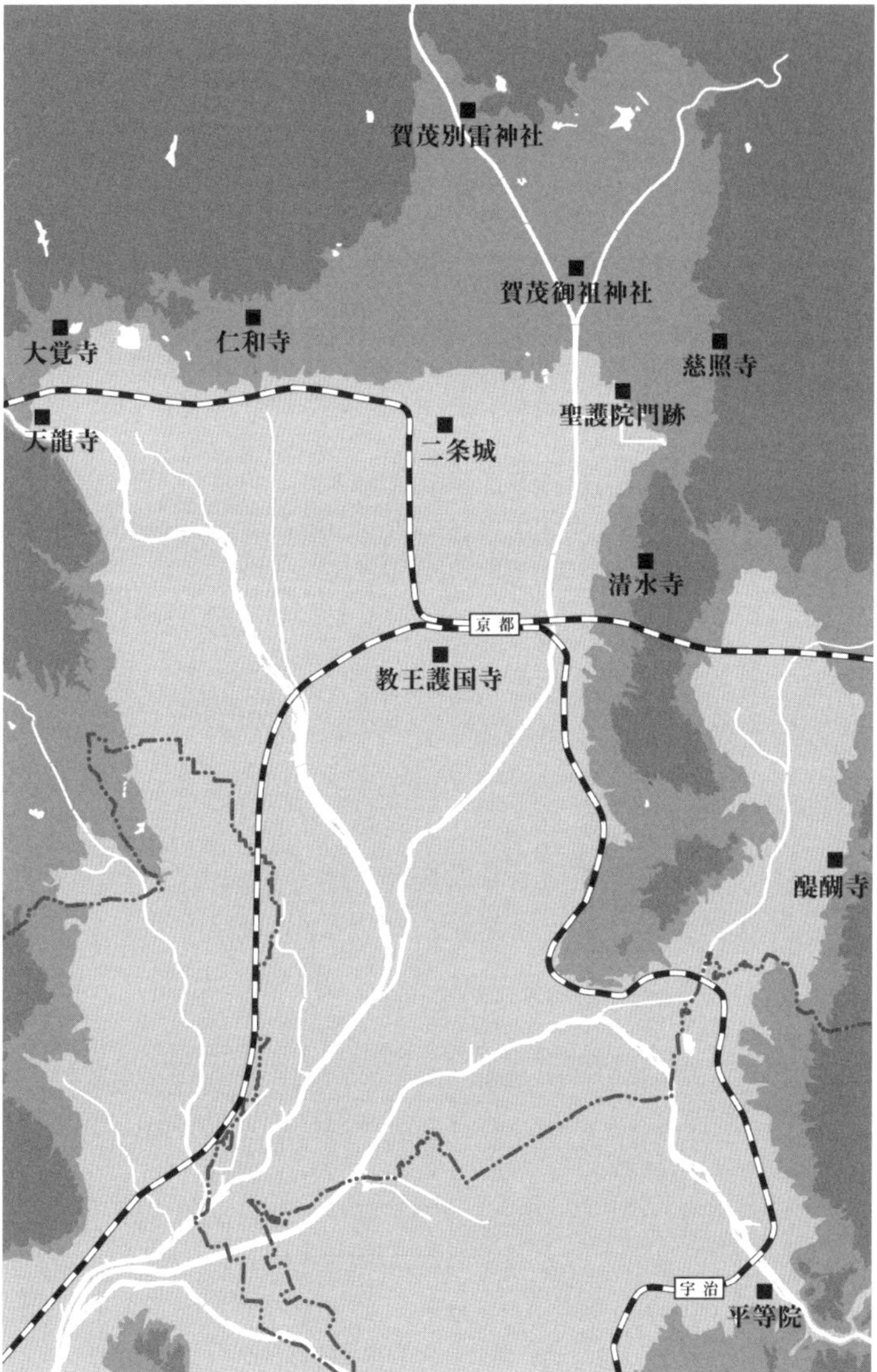
賀茂別雷神社
賀茂御祖神社
大覚寺
仁和寺
慈照寺
聖護院門跡
天龍寺
二条城
清水寺
京都
教王護国寺
醍醐寺
宇治
平等院

明日の京都講座

古都京都の文化遺産は、かく想ふ

～千二百年。そして次の千年へ～

二〇二一年五月三十一日　初版発行

編　者　明日の京都 文化遺産プラットフォーム　

〒六〇四-八五二〇　京都市中京区西ノ京朱雀町一番地
電話（〇七五）八二三-八一六六
http://tomorrows-kyoto.jp/

制　作　一般社団法人　ユニ・デ・グラン

印刷・製本　大日本印刷株式会社

発行所　丸善プラネット株式会社
〒一〇一-〇〇五一　東京都千代田区神田神保町二-一七
電話（〇三）三五一二-八五一六
http://planet.maruzen.co.jp/

発売所　丸善出版株式会社
〒一〇一-〇〇五一　東京都千代田区神田神保町二-一七
電話（〇三）三五一二-三二五六
https://www.maruzen-publishing.co.jp/

ISBN978-4-86345-494-1　C0030　printed in japan